中央民族大学"985工程"三期 中国少数民族语言文学
学科建设民族语言基础教程（系列）

白语大理方言基础教程

◎ 周国炎 / 总主编

◎ 王　锋 / 编　著

中央民族大学出版社
China Minzu University Press

图书在版编目（CIP）数据

白语大理方言基础教程/王锋编著．—北京：中央民族大学出版社，2014.5（2025.10重印）

ISBN 978-7-5660-0480-2

Ⅰ.①白… Ⅱ.①王… Ⅲ.①白语—教材 Ⅳ.①H253

中国版本图书馆CIP数据核字（2014）第047303号

白语大理方言基础教程

编 著	王 锋
责任编辑	白立元
封面设计	圣水文化
出版发行	中央民族大学出版社
	北京市海淀区中关村南大街27号 邮编：100081
	电话：68472815（发行部） 传真：68932751（发行部）
	68932218（总编室） 68932447（办公室）
经 销 者	全国各地新华书店
印 刷 厂	北京鑫宇图源印刷科技有限公司
开 本	787×1092 1/16 印张：18.25
字 数	340千字
版 次	2014年5月第1版 2025年10月第3次印刷
书 号	ISBN 978-7-5660-0480-2
定 价	48.00元

版权所有 翻印必究

目　录

上　编

第一课　白族的语言 ……………………………………………（3）
第二课　白族的文字 ……………………………………………（11）
第三课　白语语音的基本认识 …………………………………（16）
第四课　声　母 …………………………………………………（23）
第五课　单元音韵母 ……………………………………………（28）
第六课　复元音韵母 ……………………………………………（31）
第七课　声　调 …………………………………………………（34）
第八课　《学习歌》（课文注解：白族民歌） ………………（38）
第九课　问　候（语法注解：白语的否定词、系词、疑问代词
　　　　　和疑问句） …………………………………………（42）
第十课　人称和亲属称谓（语法注解：白语的人称代词） …（47）
第十一课　《白月亮曲（白字歌）》（语法注解：白语单纯词
　　　　　和附加式构词） ……………………………………（52）
第十二课　地理环境（语法注解：白语复合式构词） ………（56）
第十三课　人的身体（语法注解：白语重叠式构词） ………（61）
第十四课　《十二月调》（语法注解：白语的基数词） ……（67）
第十五课　饮食习俗（语法注解：白语的序数词和倍数词） …（72）
第十六课　白　族（语法注解：白语的指示代词） …………（77）

中　编

第十七课　岁　时（语法注解：白语的名词） ………………（85）
第十八课　学习及文具（语法注解：白语的量词） …………（91）

· 1 ·

第十九课　《泥鳅调（鱼调)》(语法注解：格标记) ……………… (97)
第二十课　天　气 (语法注解：白语的介词) ………………… (101)
第二十一课　打电话 (语法注解：白语的语气助词) …………… (105)
第二十二课　购　物 (语法注解：白语动词的类别) …………… (109)
第二十三课　《小心肝》(语法注解：白语的判断动词、助动词) … (114)
第二十四课　生产生活用品 (语法注解：白语动词的
　　　　　　组合关系) …………………………………………… (118)
第二十五课　交　通 (语法注解：白语动词的被动式和否定形式) … (124)
第二十六课　健康、疾病 (语法注解：白语动词的体和貌) …… (128)
第二十七课　《松竹梅兰》(语法注解：白语的形容词) ……… (134)
第二十八课　《母猪龙》(语法注解：白语的副词) …………… (139)
第二十九课　《十二属歌》(语法注解：白语的语序) ………… (144)
第三十课　　《赵雪屏的故事》(语法注解：白语的句类) …… (150)
第三十一课　《小黄龙与大黑龙》(语法注解：白语的句型：单句) … (156)
第三十二课　《观音伏罗刹》(语法注解：白语的句型：复句) … (163)
附录一：白族文字方案（草案) ……………………………………… (169)
附录二：课文汉译 …………………………………………………… (179)
附录三：生词总表 …………………………………………………… (199)

下编　课外阅读材料（10篇）

第三十三课　诗歌两首 ……………………………………………… (251)
第三十四课　《大理石的来历》 …………………………………… (253)
第三十五课　《出租碗盏的龙》 …………………………………… (256)
第三十六课　《望夫云》 …………………………………………… (258)
第三十七课　《杜朝选的故事》 …………………………………… (261)
第三十八课　《洱海月》 …………………………………………… (263)
第三十九课　《大甑箕和小甑箕》 ………………………………… (266)
第四十课　　《蛇骨塔（段赤诚的故事)》 ………………………… (269)
第四十一课　《十二月的歌》(本子曲) …………………………… (273)
第四十二课　《英台哭灵》(大本曲《柳荫记》选段) …………… (277)
后　记 ………………………………………………………………… (284)

上 编

第一课　白族的语言
Deityi kuol　Berpngvz

一、白族语言概况

（一）白语的概念

白族的共同语一般简称"白语"，又叫白族话，过去也称为"民家话"。汉文文献中也有"僰语"的记载。

语言是人类特有的一种符号系统。当语言作用于人与人的关系的时候，它是表达相互反应的中介；当作用于人和客观世界的时候，它是认知事物的工具；当作用于文化的时候，它是文化信息的载体。[①] 基于上述认识，白语可以这样定义：白语是白族人民用于相互交际、认知世界、传承民族文化的最重要的符号系统。

（二）白语的方言

白语是白族的民族共同语，主要使用区域在云南省大理白族自治州，云南省内其他一些白族聚居区内也有使用，分布地域较为集中。湖南、贵州等地白族聚居区的白族已经不再使用白语。[②]

[①] 2021年11月30日发布的《国务院办公厅关于全面加强新时代语言文字工作的意见》指出，"语言文字是人类社会最重要的交际工具和信息载体，是文化的基础要素和鲜明标志。"

[②] 湖南省桑植县的白族使用一种当地称为"民家腔"的汉语方言，与当地其他汉语方言以及少数民族语言都有明显的差异，应是桑植白族转用汉语以后形成的一种受白语底层影响的独具特色的汉语方言。

白语各方言在词汇、语法上都无较大差别，语音也有较为清晰的对应关系，因此在方言划分上没有大的分歧。

传统上将白语分为大理（南部）、剑川（中部）和碧江（北部）三大方言。因怒江傈僳族自治州碧江县于1984年撤销，本教材建议将碧江方言改称为怒江方言。白语三个方言中，剑川方言和大理方言比较接近，除了一些方言词汇和语音的差异外，一般都可以相互通话。怒江方言和其他两个方言的差别相对较大，通话有较大困难。

目前，对白语方言的比较研究还比较薄弱，对白语方言、次方言、土语的划分还有待深入。按徐琳、赵衍荪《白语简志》的意见，白语可以划分为三个方言、六个土语，如图所示：

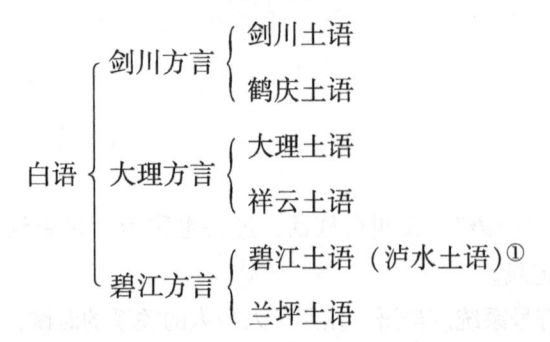

```
         ┌ 剑川方言 ┌ 剑川土语
         │         └ 鹤庆土语
         │
白语 ┤   ┌ 大理方言 ┌ 大理土语
         │         └ 祥云土语
         │
         └ 碧江方言 ┌ 碧江土语（泸水土语）①
                   └ 兰坪土语
```

大理（南部）方言包括大理和祥云两个土语，分布于大理、洱源、宾川、云龙、漾濞、永平、云县、凤庆、祥云、弥渡、巍山、保山、南华、昆明、元江等县市，以大理语音为代表；剑川（中部）方言，包括剑川和鹤庆两个土语，分布于剑川、鹤庆、兰坪、丽江、云龙、洱源、漾濞、永胜、宁蒗等县，以剑川语音为代表；怒江（北部）方言原称碧江方言，分泸水（原碧江）、兰坪两个土语，通行于泸水、福贡、贡山、兰坪和维西、香格里拉（原中甸）、云龙、洱源等县，以泸水语音为代表。

（三）白语的系属

白语是汉藏语系中系属问题存在较大争议的语言之一。受特定的历史、社会和文化条件影响，白语和汉语的关系十分密切。在语音、词汇和语法等方

---

① 1984年碧江县撤销，该县主要白族聚居区洛本卓白族乡划入泸水县，因此本教材改称其为泸水土语。

面，白语既有很多和藏缅语对应的地方，也有一些特点和汉语相同或相似。由于白语在语言结构上与汉语、藏缅语有着错综复杂的关系，学术界至今还难以就白语的系属形成一致的认识。主要的意见有藏缅语族说、汉白语族说、汉语方言说、混合语说等多种：（1）傅懋勣、徐琳、赵衍荪等认为白语属藏缅语族彝语支。（2）戴庆厦、杨应新等主张白语属藏缅语族，自成一语支，即白语支。马提索夫在1997年的国际汉藏语会议上也认为白语仍属藏缅语，并自成一语支。（3）认为白语不属于藏缅语，而和汉语关系密切。如本尼迪克特（白保罗）20世纪40年代将白语归入汉语族，郑张尚芳1999年发表文章认为"白语是汉白语族的一支独立语言"。（4）认为白语是混合语。如罗常培认为白语是一种"夷汉混合语"，李绍尼在20世纪90年代也认为白语是混合语。在上述诸说中，藏缅语族说是民族语言学界的主流意见。关于白语在藏缅语中的地位问题，傅懋勣、徐琳、赵衍荪等认为白语属藏缅语族彝语支。马提索夫、戴庆厦、杨应新等主张白语自成一语支，即白语支。有的学者则将白语列为藏缅语族中的"语支未定"语言。

二、白语的使用和规范

（一）白语的使用情况

全国白族人口为209万（2020年），主要聚居在云南省大理白族自治州。大理州内白族多以白语为母语。其中，大理方言的使用人口约60余万人，剑川方言的使用人口约50余万人，怒江方言的使用人口约10万人。再加上省内其他白族聚居区的白语人口，白语的使用人口接近130万人。

白族人民在日常生活中一般都以白语为主要交际工具，县以下白族聚居区群众活动都使用白语。除历史上流传下来的民间口头文学以外，白族群众还用白语创作长篇诗歌，用白语演唱"本子曲""大本曲"和"吹吹腔"。与白族杂居的傈僳、纳西、彝等民族，也有很多人会讲白语，而民族杂居地区的不少白族群众也会讲傈僳、纳西、彝等民族语言。除边远山区和高寒山区的白族因与汉族接触少，会汉语的人较少外，居住在平坝地区以及城镇附近的白族青壮年一般兼通汉语，多为双语人。从人口构成来看，白族男子因有较多接受教育的机会，又有外出务工的习惯，故多兼通汉语，而白族妇女通汉语的比例相对较低。

白语受汉语影响较深，白语中早就有很多从汉语吸收进来的基本词汇，其中不乏上古汉语的借词，这是白族自秦汉以来就与汉族人民密切交往的结果。近百年来，特别是新中国成立以来，白语不断地从汉语吸收了许多新词术语，除了用音译的方式增加大量汉语借词外，还用汉语借词派生新词。因此，现代白语中汉语借词的比例是相当高的，一般认为汉语借词数量占白语词汇的70%-80%。

大理白族自治州的白族日常生活以白语为主，但大多数白族群众都不同程度地会讲一些汉语，80%以上的青壮年一般会讲汉语。中学生除讲白语外还能讲汉语并掌握汉文。小学生以讲白语为主，一般都能听懂汉语。白族干部日常生活交际以白语为主；谈论工作时用白语或汉语，读文件用汉语，讲文件精神以汉语为主，有时也讲白语；集市贸易本民族之间交易用白语，对其他民族用汉语；自治州内的商店、饭馆、影剧院、车站、文化馆、旅馆对外交际一般都使用汉语；自治州内白族聚居的乡镇日常生活都以白语为主要交际工具。例外的情况是大理白族自治州剑川县，该县白族人口占90%以上，因此县城内也通用白语。

大理白族自治州以外的白族，怒江傈僳族自治州、丽江市、昆明市西山区和五华区、玉溪市元江县、文山壮族苗族自治州丘北县的聚居白族日常生活仍使用本民族语言，很多人还兼通汉语及傈僳语、彝语、纳西语、普米语等其他兄弟民族语言。湖南桑植县、贵州六盘水市和毕节市等地的聚居白族都已转用汉语。

历史上白族的文化水平一直较高，白族地区长期通用汉文。中、小学校教育都是使用汉语授课，小学阶段的低年级一般用白语辅助教学。

白族地区的电影、电视、广播节目一般都使用汉语，并有少量的白语文艺节目，如大本曲演唱等。目前还没有用白语译配的影片，但已经用白语译制了《五朵金花》《地道战》等影片的DVD。用白语演唱的民歌、大本曲磁带、影碟在白族民间很受欢迎。州、市、县的广播节目使用汉语播音，但村级的广播站通知和临时节目一般用白语。目前，白语的广播电视栏目也陆续推出，如大理州广播电视台的白语电视栏目《海思果秋》，大理人民广播电台的白语广播节目《话说白语》等。

白族地区的法院一般用汉语审理案件，判案时用汉语，被告人可用白语申诉，在白族聚居地区进行民事或刑事调查进使用白语询问，对于不懂汉语的白族，审理人员用白语，法院召开公判大会时用白、汉两种语言进行宣判，在白族和其他民族杂居地区一般都用汉语审理和判决各类案件。

随着信息化社会的发展，在微信、短视频等移动网络平台上，基于白语的文化传承和传播也很活跃。

（二）白语的基础方言和标准音

汉语的标准语是普通话，它是以北方话为基础方言、以北京音为标准音而形成的全国各民族的共同交际语，也是中华人民共和国的通用语言。

白语在历史上没有形成标准语，其语言规范工作是在新中国和大理白族自治州成立以后开始进行的。1958年，选择了人口多、分布广、代表性强的南部方言作为基础方言，将州府所在地下关市的白族话定为标准音，并设计了"白族文字方案"（草案），该方案在国家民委和中国科学院召开的"第二次全国民族语文科学讨论会"上获得讨论通过。因种种原因，该方案未得到试验推行。

20世纪80年代初期，由中国社会科学院的专家、学者牵头组成大理白族自治州白文研究组，调整了基础方言和标准音点，以中部方言为基础方言、以剑川金华镇白语为标准音。在此基础上，改进了白族文字方案，并在部分白族地区进行了试验推广，受到社会各界的充分肯定。

1993年6月，由云南省少数民族语文指导工作委员会负责召开了"白族语言文字问题科学讨论会"，会议总结了白族语文工作40年的经验，对白族语言文字工作进行了新的调整。在基础方言和标准音点方面，不再强调是以南部方言还是中部方言为主，而是吸收了前两个方案的优点，按照求大同存小异的原则，以一套方案兼顾两大方言为出发点，制订了两个基础方言和两个标准音点并存的新方案。因此，现阶段的白语文工作方案有剑川、大理两个基础方言，有剑川金华镇、大理喜洲镇两个标准音点。实践表明，这一方案适应于当前的白语文工作实际，受到白族群众的欢迎，白语文的规范和推广工作得到了积极推进。

三、白语的价值

白语的价值可以从以下几个方面来认识：

（一）白语是白族社会交际的基本工具

语言是人类社会最重要的交际工具。没有语言，人类社会不能形成和发展。反过来，社会交际功能也是语言的基本功能，也是其最核心的价值。当前，共有约130万人使用白语，其中绝大部分为白族人口，将白语用作日常交际语言的约有100万人。因此，白语仍是白族社会的基本交际工具，这也是其最重要的价值。

（二）白语（文）是民族文化发展和传承的载体

语言不仅是交际工具，同时也是文化信息的载体，一切文化创造活动都需要通过语言或以语言为基础的思维能力进行。人类创造的文化成果，绝大多数也都需要通过语言代代传承。有的民族还在有声语言的基础上，进一步发展了语言的书写形式——文字来发展和传承文化，使文化成果更加精密，更加系统，流传更为久远。根据国际共识，在各民族非物质文化遗产中，以语言文字为载体继承和传播的遗产占90%以上。

白族有着学习汉语文的悠久传统，长期实行汉白双语（文）制。其中，汉语文多应用于官方文牍、学校教育、民族交往，而白族传统的社会文化生活，包括生产活动、社会交往、婚丧嫁娶、宗教信仰、岁时节庆等社会文化，都主要使用白语。借助汉语文的学习和传播，大理赢得了"文献名邦"的美誉。同时，白族人民也用白语创造、发展和保存了璀璨文化。由白语史诗、叙事诗、民歌、神话、传说、本子曲、大本曲、俗语、谚语、成语以及基于白语传承的传统思想观念、伦理道德、自然知识、生产技术等，构成了一个博大精深、特色鲜明的文化宝库。书面语言方面，具有1000年历史的古白文及其文献是白族重要的文化遗产，也是汉、白文化密切交流的结晶。新中国成立以后由国家、云南省、大理州多方面力量联合创制并推行的拼音白文（又称新白文）经试验推行，已经在民族文化传承方面发挥了巨大作用。总的来看，白语文在白族传统文化的传承和发展中起着主导作用，但这一价值长期以来没有得到充分的认识。

（三）白语本身就是重要的文化成果

语言不是自古就有的，而是在人类生理机能和思维能力达到一定水平以后才发展起来的，是人类创造活动的产物，它具有与其他民族文化形式相同的基本特征。同时，语言还是各民族思维模式和认知成果的综合体，一个民族的所有文化积累都保存在语言的信息系统之中。"无名，天地之始，有名，万物之母"。人们通过用语言给事物命名，形成概念。概念就是人们对事物性质的认知。古往今来的概念积淀在语言系统中，构成了一个民族集大成的文化信息系统和知识体系。

当前，人们已经普遍认识到，语言是一个民族最重要的文化和信息资源。以白语命名的动植物和山川地理名称等，是白族先民认识自然的直接成果；反映社会生活、生产工具和技术的各种词汇，丰富多彩的谚语、熟语等，是白族人民认识社会、改造自然的智慧结晶。从这个意义上说，白语是白族历史上进行文化创造活动的产物，是白族文化知识的凝聚体和资源库，是白族文化中最宝贵的璀璨明珠。

此外，基于白语和汉语之间密切的渊源关系，白语中积累了各民族文化长期密切交流的语言事实，为中华民族交往交流交融的文化史提供了重要而鲜活的证明。

（四）白语是民族凝聚力和民族认同的纽带

语言是一个民族的重要特征之一。马克思指出："语言本身就是一定共同体的存在，而且是它的不言而喻的存在。"[①] 在一般所说的构成民族的四要素中，语言无疑是最重要的。由于经济社会的发展，共同地域、共同经济生活等要素现在已经不是确认民族的必要条件。由于白族不像一些兄弟民族一样有大量的历史文献，也不像一些宗教民族一样有统一、强大的宗教信仰力量来维系民族情感，共同的语言在民族认同中的重要性就更为凸显。白族人对白语有深厚的感情，因此，占白族总人口较大比例的白语人口，将是未来很长一段历史时期内白族作为一个稳定民族共同体的坚实基础。

（五）白语是中华民族文化宝库的重要语言资源

党的十七届六中全会明确提出了"大力推广和规范使用国家通用语言文字，科学保护各民族语言文字"的指导方针。2015年，国家重大文化工程项目"中国语言资源保护工程"启动，标志着"语言资源观"的全面树立，我国在语言文化多样性保护方面也走在了世界前列。在2021年中央民族工作会议上，习近平总书记基于构建中华民族共有精神家园的战略要求，提出了"推广普及国家通用语言文字，科学保护各民族语言文字，尊重和保障少数民族语言文字的学习和使用"工作方针，这一方针为白族语言的保护和传承工作指明了方向，提供了遵循。

[①] 马克思：《1857—1858年经济学手稿》，载《马克思恩格斯文集》第8卷，人民出版社2009年版，第140页。

在新的战略机遇期，包括白族在内的中华各民族需要促进共识，一方面要一如既往地学习和普及国家通用语言文字，另一方面要更加重视汉语方言和各少数民族语言的保护和传承，在传承中华民族优秀语言文化、构建中华民族共有精神家园方面作出积极贡献。

第二课　白族的文字

Deitnei kuol　Berpngvzsif

　　白族民间一般认为白族没有文字，这是由于人们对民族文字缺乏科学的认识，或认识有偏差所造成的误解。一般群众往往以为和汉字、拉丁字母不同的文字形体才是独立的民族文字，其实这种认识不符合文字的发展和传播规律。事实上，白族有两种民族文字，即老白文和新白文。老白文是在汉字基础上发展起来的有一千年历史的古老文字，新白文则是新中国成立后党和国家为白族人民创制的拼音文字。

一、老白文

　　老白文历史上又称为"白文""僰文"，形成于唐代南诏中后期（公元9—10世纪），是汉字系文字的一种，属典型的仿汉型文字。为和新中国成立后创制的拼音白文相区别，又称"古白文""方块白文"或"汉字白文"。
　　汉语文在白族地区的传播、使用有悠久的历史。南诏、大理国两个以白族为主体民族的地方政权的官方文字也是汉文。此外，在白族民间，包括一些知识分子以及上层统治者中间，也早就出现了利用汉字字音、字义、字形或在汉字基础上自造新字的方法来记录白语的书写形式，这就是老白文。
　　老白文是在长期的汉、白文化交流过程中形成的。从保存下来的白文文献看，白文在唐代南诏中后期（公元9—10世纪）就已有使用。当时人们已开始通过增减汉字笔画或仿照汉字造字法重新造字的方法来书写白语。这种和原有汉字不同的新造的字，历史上叫做"新奇字"，白族民间则称之为"白字"。自造字的出现，标志着白文形成了自己的造字方法和读写规律，走上了相对独立的发展道路。白族民间常把白文称为"汉字白读"或"汉字白音"，实际上并不准确，因为白文是一种由假借汉字（包括音读字、训读字、借词字、借形字）和自造字（包括形声字、音义合体字、意义合体字、变体字、省略字、加形字）等多种书写符号构成的有内在读写规律的符号体系，是独立于汉文的专门用于书写白语的民族文字。

老白文形成以后，一直在白族民间使用。由于自身的局限，加上历代统治阶级都以汉文为官方文字，对白文不予重视，未对其进行规范、推广的工作，因此，白文一直没有发展成为成熟、规范、通用的民族文字。明代在云南实行文化专制政策，大量白文文献遭焚毁，白文的发展受到很大打击。但白文仍表现出极强的生命力，在今天的白族民间，白文仍在流传使用，起到了传承和发展民族文化的重要作用。

主要的白文文献有：

南诏字瓦。南诏字瓦是20世纪30年代以来陆续发现的，多出土于南诏的建筑遗址中。这些残瓦上刻有各类符号，既有特殊的记号，也有汉字和由汉字增减笔画造成的文字符号。后两类一般认为即是当时的白文。虽字瓦出土数量较多，但所刻白文符号零散不成系统，难以释读。

南诏大理国写本佛经。1956年，费孝通等先生在大理凤仪北汤天村董氏宗祠发现两批佛经共3000多册。其中，南诏大理国时期的写本佛经共20卷。其中一些写本佛经中夹杂着白文，有的在汉文经卷右侧有白文旁注，卷尾有白文注疏。这批经卷年代较早，其价值令人瞩目。其中，《仁王护国般若波罗密多经》（5.6号卷）已作为"白文文献"被列入首批《国家珍贵古籍名录》。

白文碑铭。主要有以下数种：《大理国释氏戒净建绘高兴兰若篆烛碑》（12世纪）、大理国《段政兴资发愿文》（12世纪）、明代《邓川石窦香泉段信苴宝碑》（14世纪）、《词记山花·咏苍洱境》（1450年）、《故善士杨宗墓志》（1453年）、《故善士赵公墓志》（1455年）、《高公墓志》（1479年）、《故处士杨公同室李氏寿藏》碑阴《山花一韵》（1481年）、清代《史城芜山道人健庵尹敬夫妇预为家冢记》后附《白曲一诗》（1703年）等。由于白文书面文献多已失传，这些碑铭更显其珍贵。其中尤以明代著名白族诗人杨黼所作的《词记山花·咏苍洱境》（简称《山花碑》）最为著名，全碑白文书写流畅，艺术性也较高，为白文文献的代表作品。

近现代白文作品。包括白族传统的曲艺形式如大本曲、本子曲的曲本、民歌唱词等，此外还有白文祭文等形式。这类文献近现代一直在民间代代流传，其数量也很可观，如大本曲就有"三十六大本，七十二小本"之称。这类文献多由民间艺人代代传承，有的也在民间传抄。保存至今的年代较早的白文曲本成书于清末或民国初期，具有较高的文献价值。

白文书写符号的构成有多种形式：

（一）音读汉字：借用汉字的读音，表达白语的意义。如：

波（po³⁵　祖父，公）　　干（ka³⁵　教）　　　　阿（a³¹　一）
娘（ŋa⁵⁵　咱们）　　　　利（li⁵⁵　也）

（二）训读汉字：按汉字的汉语意义，读成白语的音。如：

上（tou³³　上面）　　　下（e¹³³　下面）　　　甸（ta³¹　赕，坝子）
老（ku³³　老）　　　　 六（fɣ⁴⁴　六）　　　　话（tou²¹　话）

（三）借词字：也叫移植字，即用汉字直接书写白语中的汉语借词。如：

手（sɯ³³　手）　　　　东（tɣ³⁵　东）　　　　南（na²¹　南）
春（tshɣ⁵⁵　春）　　　肝（ka³⁵　肝）　　　　冬（tɣ³⁵　冬）

（四）借形字：只借用汉字字形，音义都和汉语没有联系。如：

丘（xɯ³¹　里面）　　　廿（li⁵⁵　也）

（五）形声字：白文的形声字同样也由形旁（义符）和声旁（音符）构成，音符是一个独立的汉字，义符是汉字的偏旁，它表示这一形声字的意义类别。如：

嫫（mɔ³³　母）　　　　唃（tɕɣ³³　嘴）　　　　侒（ŋa⁵⁵　我们）
抔（pe¹³²　诵念）　　　唡（pie¹⁴⁴　问）　　　敫（ka³¹　讲）

（六）加形字：在汉字上加上一个偏旁或符号，以示造成和原有汉字相区别的新字，以加"口"旁为主，也有加其他偏旁的。音义多采用汉字音读，少量采用训读。如：

哎（ŋa⁵⁵　我们）　　　呠（pɯ⁵⁵　他的）　　　吐（nɔ⁴⁴　上）
唲（ŋe¹²¹　去）　　　　嗒（ta⁴⁴　和）　　　　奀（nɣ³³　女）

（七）音义合体字：由两个完整的汉字构成，一个汉字表音，另外一个汉字表义。如：

嫲（xe¹⁵⁵　生）　　　　䕒（kɯ³³　厚）　　　　挓（tsʅ⁴²　拾）
蓢（tsɯ³³　有）　　　　矲（tshɯ⁵⁵　短）　　　胃（ua⁴⁴　月）

（八）意义合体字：借用两个完整汉字及其意义合成。如：

塑（tsou³³　朝上）　　　袞（ɲi⁴⁴　进入）　　　
昂（tsha⁵⁵　早饭）　　　覅（mia⁴⁴　不要）

除以上几种主要的书写符号类型外，白文还有省略字、变体字等特殊的书写符号。如"艮"读 ɲi²¹，意为"人"，从"银"省，白语"人""银"同音,是典型的省略字;"刚"读 ka⁴⁴,意为"将,把",是在"而"上减损笔画构成的变体字,等等,这类字字数相对较少。

由上可知,古白文是一种在汉字基础上产生、由多种造字方法构成的复合型的书写符号体系。

在白文发展的历史上,由于南诏、大理国两个地方民族政权都以汉文为官方文字,没有对白文进行规范和推广,因此,白文一直没有能发展成为白族通用的文字,但白文仍在民间广为使用,文献材料包括各种碑刻铭文及历史著作、文学作品。明王朝推行文化专制政策,大量白文文献被焚毁,白文的社会功能大为萎缩。但在白族民间,白文至今仍保持着强大的生命力,白族民间艺人大都使用古白文记录曲本和唱词,一个民间艺人往往藏有三四十本或五六十本不等的白文曲本、唱词。宗教经师也多用白文书写各种经文、祭文等。白文文献的数量较为可观,也有着深厚的群众基础。虽然老白文没有发展成为统一的民族文字,且书写系统很不完善,因人而异、因地而异特点突出,但它对民族文化的传承和发展起到了积极的作用。

二、拼音白文

新中国成立以后,党和国家高度重视少数民族语言文字问题。1951年,政务院在《关于民族事务的几项规定》中提出了"帮助尚无文字的民族创立文字,帮助文字不完备的民族逐步充实其文字"的任务。1956年夏,国家为了加快帮助少数民族创制文字的步伐,组织了700多人的民族语言调查工作队,到全国少数民族地区大规模地开展少数民族语言普查工作,在语言普查的基础上开始了少数民族文字的创制工作,并制定了关于少数民族文字方案中设计字母的五项原则:"(一)少数民族创制文字应该以拉丁字母为基础;原有文字进行改革,采用新的字母系统的时候,也应该尽可能以拉丁字母为基础。(二)少数民族语言和汉语相同或者相近的音,尽可能用汉语拼音方案里相当的字母表示。(三)少数民族语言里有而汉语里没有的音,如果使用一个拉丁字母表达一个音的方式有困难的时候,在照顾到字母系统清晰、字形简便美观、字母数目适当、便于教学使用的条件下,根据语言的具体情况,可以采用以下的办法表示:(1)用两个字母表达一个音;(2)另创新字母或者采用其他适用的字母;(3)个别情况也可以在字母上附加符号。(四)对于语言中的声调,根据实际需要,可在音节末尾加字母表示或者采用其他办法表示或不表示。(五)各民族的文字,特别是语言关系密切的文字,在字母形式和拼写规则上应尽量取得一致。"

1957年，在党和政府的关怀下，中国科学院派出了以白族学者为骨干的少数民族语言调查第三工作队白语组，到大理帮助白族人民创制文字。白语组调查人员深入各个白族聚居区开展语言调查，在基本弄清了白语方言土语的情况后，于1958年设计出了《白族文字方案（草案）》，并在同年召开的"第二次全国少数民族语文科学讨论会"上获得讨论通过。此后，有关部门根据使用中发现的问题和白语的实际情况分别于1982年和1993年对《白族文字方案（草案）》进行了修订。《白族文字方案（草案）》严格遵循国务院1957年12月10日批准的关于少数民族文字方案中设计字母的五项原则，以拉丁字母为形体，共26个字母，其次序、名称、书写方法和读音均和汉语拼音方案相同，有23个声母、37个韵母、8个调号、8个声调分别采用8个辅音字母表示。白语中与汉语相同或相近的音，用与汉语拼音方案相同的字母表示。

1993年修订的《白族文字方案（草案）》有两种文字变体，即中部方言和南部方言变体。这一方案的主要优点在于兼顾了白语两大方言区，方便了各方言区的学习和使用，有利于白文的推广和普及，尽管从长远看这一方案带有过渡的性质，但它比较符合白族语言文字工作的实际情况。该方案受到白族各界群众的欢迎，也进行了一些试验和推广工作。在剑川西中、石龙等地，先后开展了学前班和小学双语文教育试验，由国内外相关机构合作开展的剑川石龙白语文学前教育活动，成为云南省民族语言文字教学的典型案例。大理市也开办了白文学校。云南民族出版社根据云南省义务教育出版统一规划，编写出版了系列白文教材。由剑川县教育局、云南民族出版社联合出版的白语文教材，收到了很好的教学效果。除教材以外，云南民族出版社还陆续出版了多种曲本、唱词以及白族民歌、谚语等白文读物，推行工作取得了积极成绩。

2013年，《云南省少数民族语言文字工作条例》公布实施，拼音白文的使用和推广迎来了新的机遇。一大批挚爱少数民族语言文化的各行业有识之士，通过对拼音白文的学习，充分了解了拼音白文在记录白语、传承民族优秀语言文化方面的科学性、便利性和重要作用，成为宣传、推广和使用拼音白文的积极分子，极大地扩展了拼音白文的群众基础。而信息化时代的语言文字应用，又给拼音白文的学习、使用拓展了新的平台和空间。当前，拼音白文的学习和使用方兴未艾，正在伴随着中华优秀传统文化传承发展的新进程进入一个新的发展阶段。

第三课　白语语音的基本认识

Deitsal kuol　Berpngvz cerlqi（Yuitye）

一般说的语言，如无特殊说明，指的就是有声语言。人类先民自直立行走以后，身体的发音器官得到很大发展，使有声语言的产生成为可能。有声语言的发展，是人类区别于动物的根本标志。

语言是语音、语义和语法相结合的符号系统。其中，语音占有十分重要的地位。语言首先是一种声音的符号系统。语音是语言的物质外壳，是语言借以存在的物质基础。语言的交际作用是通过代表一定意义的声音来实现的，这种代表一定意义的声音就是语音。语言有多种属性，其中，语音就是语言的物理属性，也就是是自然属性。

在有声语言的基础上，一些民族还进一步创造和发展了书面语言，即文字。书面语言是以有声语言为基础的。如果没有有声语言的基础，书面语言没有存在的价值。书面语言主要通过语义或语音两种途径来书写或记录有声语言。少数文字主要通过语义途径来书写语言，如汉字就是一种表词（意）文字，又称语素文字。世界上绝大多数的文字都是通过记录、描写语音的途径来书写语言的，因此，世界上的文字绝大多数都是表音文字。

新中国成立以来，为各少数民族文字创制或改进的文字都是采用拉丁字母符号的拼音文字。这些文字科学简明，有利于学习和读写。虽然都采用了26个拉丁字母，但不同民族文字中字母的读音是根据具体语言的语音实际来设计的，由于各种语言的语音系统都有自己的特点，因此，字母的具体读音也各有不同。

学习语言，都要从语音开始。又因为白文是一种拼音文字，了解一些语音的基本知识，掌握发音、听音、辨音、记音的知识和技能，有助于白语和白文的学习。

一、发音器官

语音是由人的发音器官发出来的。了解发音器官,有助于正确掌握白语的发音部位和发音方法。

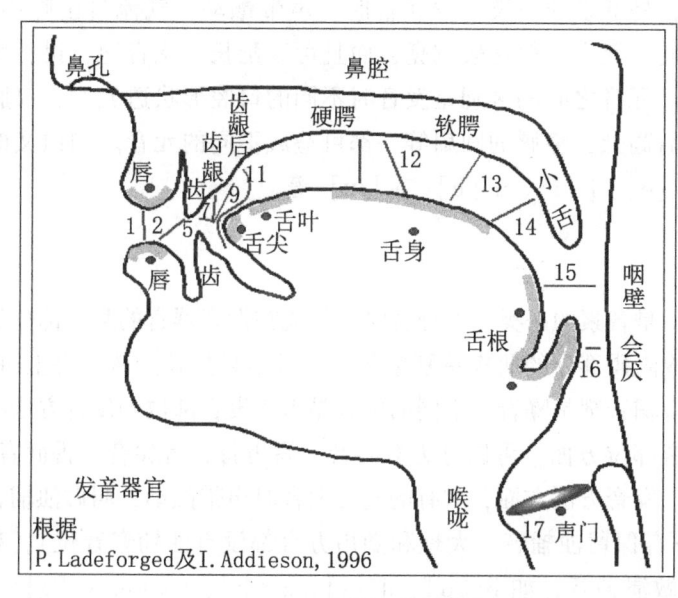

```
鼻孔    鼻腔
齿龈后  硬腭   软腭
齿龈  11  12       1. 双唇音
唇    9      13  小舌    2. 唇齿音
1 2 5 齿 舌叶    14       5. 舌尖齿音
    齿 舌尖  舌身          7. 舌尖齿龈音
    唇                    9. 舌尖卷舌音
                 15  咽壁  11. 舌尖底卷舌音
           舌根      会厌   12. 硬腭音
                 16       13. 软腭音
                          14. 小舌音
发音器官            喉咙    15. 咽音
根据              17 声门   16. 会厌音
P.Ladeforged及I.Addieson,1996   17. 声门音
```

人体部分发音器官图示

发音器官可以分为五个部分:肺部、声带、咽腔、鼻腔、口腔。肺部是动力部,声带是发音体,咽腔、鼻腔、口腔是共鸣器。人呼吸时呼出来的气流经过喉头和口腔时遇到各种不同的障碍就发出各种不同的声音。

在发音器官中,要注意运用舌、唇、软腭和声带这几个会活动的器官。在这些活动的发音器官中,舌最为活跃,它能在口腔中前后左右活动,在发音上起很大的作用。唇的活动是形状的变动,如圆状、扁状、中常状等。软腭也是可以活动的器官,软腭上升,气流就从口腔出来,软腭下降,气流就从鼻腔出来,发音结果因之不同。声带在喉头,气流从肺部出来时,经过声带到达口腔或鼻腔,然后发出声音。

二、音素

音素是语音的最小单位。从声学性质来看,音素是从音质角度,也就是根据语音的自然属性划分出来的最小语音单位。从生理性质来看，一个发音动作构成一个音素。音素有元音和辅音两类。

（一）元音

元音又叫母音，是音素的一类。发元音时，声带颤动，气流自由呼出，不受任何阻碍，因此，元音一般比较响亮，而且可以延长。从音理上讲，所有的元音都是乐音。元音之间的区别是发音时不同的口腔形状造成的，口腔的开闭，舌位的前后高低，嘴唇的圆扁等，都可造成不同的元音。如白文的 a［A］、o［o］、ei［e］、i［i］、u［u］、e［ɯ］等。

（二）辅音

辅音又叫子音，是音素的一类。发辅音时，气流在发音器官的某一部分受到一定的阻碍，造成阻碍部分的肌肉特别紧张，声音不易拉长。从音理上讲，除了鼻音以外的所有辅音都是噪音。不同的辅音是由于发音部位和发音方法的不同造成的。如发音部位方面，可以分为双唇音、唇齿音、舌尖音、舌面音、舌根音、小舌音等；发音方法方面，如有的辅音发音时声带颤动，叫做浊辅音（白语中只有怒江方言保留浊辅音，大理和剑川方言都没有浊辅音音位），有的声带不颤动，叫做清辅音，如 b［p］、d［t］、g［k］、f［f］、s［s］、h［x］等。辅音可以作声母，在有的语言中还可以作韵尾（白语无辅音韵尾）。

（三）国际音标和字母

国际音标是专门用来记录语音的一种符号体系，它由国际语音学协会在1888年制定初稿，后经多次修订，在世界范围内普遍应用。国际音标多数采用拉丁字母及其变形，少数采用其他字母和特制符号。我国在描写汉语和少数民族语言的语音、方言调查以及外语教学中，也多采用国际音标，一般在音标上附加［］，以避免与其他符号混淆。

字母是拼音文字中最小的书写单位，拼音文字就是由字母构成的。每种拼音文字都有一定数目的字母。现在世界上使用的字母种类繁多，但是运用较广的只有三种，即拉丁字母、斯拉夫字母和阿拉伯字母，其中又以拉丁字母的使用最为广泛。我国现在推广的汉语拼音方案和新中国成立后创制的少数民族文字方案，都以拉丁字母为基础。

字母和音标不同。首先是功能不同，音标是用来记录语音的，而字母是用于书面语言的拼写；其次是记录的要素不同，音标是表音素的，一个音标只表示一个音素，而一个字母既可以表示一个音素，也可以表示几个不同的音素（即音位变体）或复合的两个音素。字母也不等于文字，一种字母可以用来拼写不同的文字，一种文字也可以选用不同的字母来书写。

白文采用26个拉丁字母为字母形式，包括5个元音字母和21个辅音字母，一般是一个字母代表一个音素，少数音素用两个字母来表示，如 ni [ȵ]，也有个别字母代表两个不同的音素，如 u 在舌面塞擦音辅音后表示 [y]，在非舌面塞擦音辅音后表示 [u]。还有部分辅音字母兼作声调符号。

三、音节

音节是语音结构的基本单位，由一个或几个音素结合而成。白语的音节结构比较简单，一般由一个到三个音素组成。白语中元音可以单独构成音节，如 a [a⁴⁴]（鸭子）；由两个音素组成的可以是复合元音，如大理白语的 ou [ou⁴⁴]（浇），也可以是"辅音+元音"，如 be [pɯ⁴⁴]（笨）；由三个音素组成的是"辅音+元音+元音"，如：gou [kou⁴⁴]（脚）。白语是有声调的语言，每个音节都有一定的声调，声调区别意义，文字上用调号表示，所以白语的音节可以分析为声母、韵母、声调三个部分。

（一）声母

把一个音节分为声母、韵母、声调三部分，是我国语言学界对汉藏语系语音的传统分析方法。声母就是音节开头的辅音。白语的声母都由辅音构成，但不能把辅音和声母混为一谈，辅音是音素的类别名称，是和元音相对而言的；声母是音节的部分名称，是和韵母相对而言的。声母一定是辅音，但在很多语言中，辅音不一定都是声母，因为有些辅音还可以作韵尾。白语中没有辅音韵尾，辅音也不能单独构成音节。

白文共有27个声母字母，其中 zh [tʂ]、ch [tʂh]、sh [ʂ]、r [ʐ] 4个声母专门用来拼写其他方言土语及汉语普通话借词，使用频率不高，因此，白文的常用声母是23个。

（二）韵母

韵母是音节中紧接在声母后面的音素部分，由单元音或复元音组成。白文有37个韵母字母，包括9个单元音韵母（含大理方言的儿化元音韵母）、7个单元音鼻化韵母、14 个复元音韵母、7 个复元音鼻化韵母。

（三）声调

声调是音节的音高，即音节音高的高低升降。不同的声调，区别不同的意义。语言中各种声调的实际读音，即声音高低、升降、曲直、长短的形式叫做调值。同一调值类型的分类叫做调类。拼音文字表示不同声调的符号叫做调号。

四、白语三大方言的语音

与汉藏语系的其他语言一样，白语也是单音节的词根语，形态变化不复杂，词序和虚词是表示语法意义的重要手段。由于白语与汉语、藏缅语都有密切而复杂的关系，白语在语音、词汇、语法上既有很多和藏缅语对应的地方，也有不少特点和汉语相同或相似。

白语语音的一般特征如下：

（一）声母

三个方言都有双唇、唇齿、舌尖、舌面、舌根五组辅音声母，北部方言另有舌尖后和小舌两组辅音声母。塞音、塞擦音声母的浊音有清化现象，北部方言的塞音和塞擦音声母有清、浊对立，其他两个方言清的塞音和塞擦音声母在松调类的 31 调和 33 调上虽仍读成相应的浊音，但不区别词义，其清浊对立已消失，因此不构成独立的浊辅音音位。北部方言塞音、擦音声母有卷舌和不卷舌的对立。f- 是后起的辅音声母，在个别方言中还没有产生 f- 辅音。有的白语土语有擦音送气现象，如鹤庆金墩白语有一套送气擦音声母：fh、sh、çh、xh。

白语三个方言的声母系统如下所列。

南部（大理）方言喜洲白语声母共有 23 个，如下：

p	ph	m	f	v
ts	tsh		s	z
t	th	n		l
tç	tçh	ɲ	ç	j
k	kh	ŋ	x	ɣ

中部（剑川）方言金华白语声母共有 21 个，如下：

p	ph	m	f	v
ts	tsh		s	

t	th	n			l	
tɕ	tɕh		ɕ		j	
k	kh	ŋ	x	ɣ		

北部（怒江）方言洛本卓白语声母数量较多，共41个，如下：

p	ph	m	f	v	b	
ts	tsh		s	z	dz	
tʂ	tʂh		ʂ	ʐ	dʐ	
t	th	n		d	l	
ʈ	ʈh	ɳ		ɖ		
tɕ	tɕh	ɲ	ɕ		dʑ	j
k	kh	ŋ	x	ɣ	g	
q	qh		χ	ʁ		

（二）韵母

各方言的元音韵母数量都较少，并普遍分松紧两类。这是彝语支语言的重要特点。但白语元音韵母松紧对应关系和彝语支语言不能构成有规律的对应，这可能是大量汉语借词进入白语以后对白语语音系统造成深刻影响的结果。北部方言和南部方言有卷舌元音（或称儿化元音）韵母，中部方言有无卷舌元音韵母，南部方言的卷舌元音韵母在中部方言中一般对应为鼻化元音韵母。多数方言中有 ɣ 元音韵母。零声母的音节往往带有轻微的喉塞。各方言都无鼻音韵尾，但北部方言和中部方言有鼻化元音韵母，南部方言中心地区则都为口元音韵母。

南部（大理）方言：喜洲白语韵母共21个。其中单元音韵母10个（本教材将卷舌元音处理为单元音），复元音韵母11个。全为口元音韵母。如下：

单元音：i　e　ɚ　a　ɔ　o　u　ɯ　ɣ　y

复元音：　　ie　iɛɪ　ia　ɔɪ　　　iou　iɯ
　　　　　　ue　uɛɪ　ua　auɪ　　　uo　ou

中部（剑川）方言：金华白语韵母数量较多，共30个。其中单元音韵母15个，复元音韵母15个。有鼻化韵。如下：

单元音：i　e　ɛ　a　o　u　ɯ　y
　　　　ĩ　ẽ　ɛ̃　ã　õ　　　ɯ̃　ỹ

复元音：ao　iɛ　ia　io　iɯ　ue　uɛ　ua
　　　　　　iɛ̃　iã　iõ　iɯ̃　uẽ　uɛ̃　uã

北部（怒江）方言：洛本卓白语韵母数量较多，共 39 个。其中单元音韵母 19 个，复元音韵母 20 个。有鼻化韵。如下：

单元音：i　e　ɤ　a　ɔ　o　u　ɯ　y
　　　　ĩ　ẽ　ɤ̃　ã　ɔ̃　õ　ũ　ɯ̃　ỹ

复元音：ie　iɤ　ia　io　iɯ　ou
　　　　iẽ　iɤ̃　iã　iõ　iɯ̃
　　　　ue　uɤ　ua　ou
　　　　uẽ　uɤ̃　uã
　　　　ye
　　　　yẽ

（三）声调

各方言有 6 到 8 个声调不等，声调和声母有密切联系，并可按元音松紧分为松紧两类，紧调的音高略高于松调。

南部（大理）方言声调共 8 个：

松调类：55、35、33、31、32　　　紧调类：42、44、21

中部（剑川）方言白语声调共 7 个，如下：

松调类：55、35、33、31　　　　　紧调类：42、44、21

中部方言剑川话中现代汉语借词去声读 55 调紧喉。如将此调纳入，则中部方言的声调数量也为 8 个。

北部（怒江）方言声调共 6 个，如下：

松调类：55、33、31　　　　　　　紧调类：42、44、21

汉语借词的声调和白语的声调之间有明显的对应关系。有的学者如郑张尚芳先生归纳了汉语与白语四声八调的对应关系，其观点有待进一步讨论，但他所归纳的白语和汉语声调的对应关系有助于对白语声调的学习。

五、练习

1. 发音器官可分哪几部分，各起什么作用？
2. 简述音素、元音、辅音的意义。
3. 简述音节、声母、韵母、声调的意义。
4. 分别简述白语三大方言的元音、辅音和声调特点。

第四课　声　母

Deitxi kuol　Sexmut

一、声母形式

白文有 23 个声母字母，全部由辅音字母组成，包括 19 个单字母声母，4 个双字母声母。声母组成形式如下：

（一）单字母声母：b、p、m、f、v、d、t、n、l、g、k、h、j、q、x、y、z、c、s

（二）双字母声母：ss、ni、ng、hh

二、声母的发音部位和发音方法

白文的 23 个声母字母中，有 3 个双唇音，2 个唇齿音，4 个舌尖前音，4 个舌尖中音，5 个舌面音，5 个舌根音。它们的发音部位和发音方法如下表：

发音方法		发音部位 声母	双唇音	唇齿音	舌尖前音	舌尖中音	舌面音	舌根音
塞音	清	不送气	b			d		g
		送气	p			t		k
塞擦音	清	不送气			z		j	
		送气			c		q	
鼻音	浊		m			n	ni	ng
擦音	清			f	s		x	h
	浊			v	ss			hh

· 23 ·

续表

发音方法 \ 发音部位 声母	双唇音	唇齿音	舌尖前音	舌尖中音	舌面音	舌根音
边音 浊				l		
半元音 浊					y	

三、声母分类

（一）按发音部位分类

发音部位即发音器官形成阻碍的部位。白文声母按发音部位可分为如下几类：

双唇音：由上唇和下唇相接触使气流受阻而发出的声音。如：b、p、m。

唇齿音：由下唇和上齿相接触使气流受阻而发出的声音。如：f、v。

舌尖前音：由舌尖和齿背阻碍气流发出的声音。如：z、c、s、ss。

舌尖中音：由舌尖和齿龈阻碍气流发出的声音。如：d、t、n、l。

舌面音：由舌面和硬腭阻碍气流发出的音。如：j、q、ni、x、y。

舌根音：由舌根和软腭阻碍气流发出的声音。如：g、k、ng、h、hh。

（二）按发音方法分类

即按发音时气流成阻和除阻的方式以及声带振动不振动、送气不送气等情况来分类。按照发音方法，白文声母可分为如下几类：

塞音：也叫爆破音或破裂音，发音时气流通路完全阻塞，然后突然开放，让气流爆发出来发出声音，如：b、p、d、t、g、k。

塞擦音：由塞音和擦音紧密结合构成的辅音。发音时，最初成阻的部分完全闭塞，然后渐渐打开，让气流从间隙中摩擦而出。如：z、c、j、q。

擦音：也叫摩擦音，由发音器官造成缝隙，使气流发出摩擦而成。如：f、v、s、ss、x、h、hh。

鼻音：由鼻腔起共鸣作用的辅音，发音时，口腔里形成阻碍的部分完全闭塞，软腭下垂，使气流从鼻腔流出。如：m、n、ni、ng。

边音：由气流沿舌头两边或一边通过而构成的辅音。如：l。

半元音：白文中的半元音字母只有 1 个，即 y。

四、声母读音及说明

白文字母	汉语拼音	国际音标	白文例词	汉意及注释
b	b	p	ba	大碗
p	p	ph	pa	（马）尥蹶子；挑（刺）；翘
m	m	m	ma	稻草
f	f	f	fa	方
v	—	v	vaf	袜
d	d	t	da	与，和，搭
t	t	th	ta	盖（被）
n	n	n	na	哪；纳（鞋底）
l	l	l	la	腊（肉）；锡
g	g	k	ga	把，将；硌（脚）；仓库
k	k	kh	ka	渴；罩，扣
h	h	x	ha	扒（饭吃）
hh	—	ɣ	hhe	骂
ng	—	ŋ	nga	咬
j	j	tɕ	jia	接；节（日）
q	q	tɕh	qia	（一）帖（药）
x	x	ɕ	xia	杀
y	y	j	ya	压
ni	—	ȵ	nial	咱们
z	z	ts	za	胀
c	c	tsh	ca	插（汉语借词读音）
s	s	s	sa	撒（秧）；跑
ss	—	z	ssat	让（开）

b，上下嘴唇先闭住，憋住一口气流，然后突然放开，发 b。例如，声母

· 25 ·

b 加 a 读，拼成 ba "大碗"。

p，上下嘴唇先闭住，憋住一口气流，然后突然放开，同时要喷出一口气流，发 p。例如，p 加 a 读，就拼成 pa "翘；挑（刺）"。

m，嘴唇闭住，声带颤动，从鼻子出气，发鼻音 m。例如，声母 m 加 a 读，拼成 ma "稻草"。

f，上门牙接触下嘴唇，气流从窄缝当中挤出，发 f。例如，声母 f 加 a 读，拼成 fa "方"。

v，发音时，上齿接触下唇，当中留一条缝隙，让空气从里面流出摩擦成浊音，声带颤动，发 v。例如，声母 v 加 a 读，加上 35 调调号，拼成 vaf "袜（子）"。

d，舌尖顶住上牙床，憋住气流，然后突然放开，发 d。例如，声母 d 加 a 读，拼成 da "和"。

t，舌尖顶住上牙床，憋住气流，然后突然放开，在放开舌尖的同时，吐出一口气流，发 t。例如，声母 t 加 a 读，加上 33 调符号，拼成 tax "塔"。

n，舌尖顶住上牙床，声带颤动，发鼻音 n。例如，n 加 a 读，拼成 na "纳（鞋底）；哪（里）"。

l，舌尖顶住上牙床，声带颤动，让气流从舌头两边出来，发边音 l。例如，l 加 a 读，拼成 la "腊（肉）"。

g，舌根抬高，顶住上腭后部，憋住气流，然后突然放开，发 g。例如，g 加 a 读，拼成 ga "仓库，把"。

k，舌根抬高，顶住上腭后部，憋住气流，然后突然放开，放松舌根的同时，吐出一口气流，发 k。例如，k 加 a 读，拼成 ka "渴"。

ng，舌根音。发音时，舌头后缩，舌根抬高，先用舌根抵住上腭后部，然后突然放开，声带颤动，空气从鼻腔流出发 ng。例如，ng 加 a 读，拼成 nga "咬"。

h，舌根抬高，接近上腭后部，留一道窄缝，让气流从当中挤出来，发摩擦声母 h。例如，h 加 a 读，拼成 ha "扒（饭）"。

hh，发音时，嘴唇向两边展开，舌头后缩，舌根抬高，紧贴上腭后部，让气流从舌根与上腭中间挤擦出来，声带颤动，发挤擦声母 hh。例如，hh 加 e 分别读 44 调和 42 调，拼成 hhe "骂"，hhep "学"。

j，舌尖抵在下门齿背后，舌面抬起，接触上腭，舌面稍微放松，发 j。例如，j 加 ia 读，拼成 jia "接（受）；节（日）"。

q，舌尖抵在下门齿背后，舌面抬起，抵住上腭，在舌面放松的同时，吐出一口气流，发 q。例如，q 加 ia 读 44 调（省标调），拼成 qia "（一）帖（药）"。

ni，舌面前鼻音，发音时，先用舌面前部抵住齿龈和前硬腭，然后张开，声带颤动，发 ni。ni 加 a 读，再加上 55 调符号，拼成 nial "咱们"。

x，舌尖下垂，舌面抬起，舌面和上腭不接触，中间留一道窄缝，气流从窄缝中挤出，发 x。例如，x 加 ia 读，拼成 xia "杀"。

y，舌尖下垂，舌面前部抬高，使上下齿对齐，嘴角向两边左右展开，发 y。例如，y 加 a 读，拼成 ya "压"。

z，舌尖向前平伸，顶住上门齿背，然后稍微放松，吐气，发 z。例如，z 加 a 读，拼成 za "胀"。

c，舌尖向前平伸，顶住上门齿背，然后稍微放松，吐气，发 c。例如，c 加 a 读，拼成 ca "插（汉语借词）"。

s，舌尖平伸，不顶上门齿背，舌而放松，舌面和上腭中间留一条窄缝，让气流从中间挤出，发 s。例如，s 加 a 读，拼成 sa "撒（秧）"；跑。

ss，翘起舌头，舌尖不接触上腭前端，留一条窄缝，让气流从当中挤出，颤动声带，发 ss。例如，ss 加 a 读，再加上 31 调符号，拼成 ssat "让（开）"。

五、练习

1. 白文采用什么字母形式？共有多少个字母？试写一写。
2. 熟练掌握白文字母的读音和书写方法。
3. 白文共有多少个声母？试写出来。
4. 写出白文声母对应的国际音标。

第五课　单元音韵母

Deitngvx kuol　Dafyuipyin Yuilmut

《白族文字方案（草案）》中共有37个韵母字母，其中单元音韵母9个，复元音韵母14个，14个鼻化韵母。大理方言中无鼻化韵。本课讲述单元音韵母。

一、单元音韵母

拼音白文方案有 i [i]、ei [e]、er [eˑ]、ai [ɛ]、a [ᴀ]、o [o]、u [u]、e [ɯ]、v [ɣ] 9个单元音韵母字母。大理白语的多数土语没有单元音韵母 ai [ɛ]。

二、单元音韵母的分类

（一）按舌位的高低分

高元音：i、u、e、v。发音时舌面抬得最高，最接近上腭，气流的通道最窄，但不发生摩擦。
次高元音：ai、ei、o。发音时舌位比高元音低一度。
低元音：a。发音时开口度最大，舌头下降到最低程度，气流通道最宽。

（二）按舌位的前后分：

前元音：i、ai、ei。发音时舌头前伸，舌面前部向硬腭前部抬起。
后元音：o、u、e、v。发音时舌头后缩，舌面后部向软腭抬起。
央元音：a。发音时舌头不抬起，前后位置居中，比较自然。

（三）按嘴唇的形状分：

展唇元音：i、ai、ei、a、e、v。发音时双唇向两边舒展，或处于自然状态。

圆唇元音：u、o。发音时双唇撮敛成圆形。

（四）特殊的单元音韵母

卷舌元音：大理白语中还有卷舌元音韵母 er。一般认为卷舌元音属单元音，但也有人认为卷舌元音是复元音。本教材按单元音来处理。

唇齿元音：v 在白语中既可作辅音声母，又可作元音韵母。它作为元音韵母，发音时上齿放在下唇上，气流从齿唇缝隙中轻轻发出而不发生摩擦。

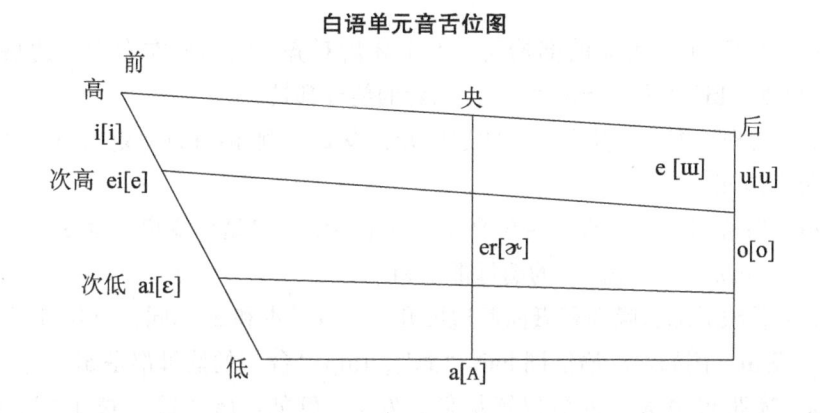

白语单元音舌位图

```
        前                央                    后
   高
        i[i]
   次高 ei[e]                    e[ɯ]       u[u]

                          er[ɚ]              o[o]
   次低 ai[ɛ]

   低                     a[A]
```

三、单元音韵母的读音及说明

（一）单元音韵母的读音及例词

拼音白文方案的9个单元音韵母如下：

白文字母	汉语拼音	国际音标	白文	汉义	备注
a	a	a	bax	泡沫	
o	o（相近）	o	dox	上面	中部方言读音，南部方言读为 ou
er	—	eʳ	der	打	南部方言读音，中部方言读为 ai
i	i	i	bix	低、矮	
u	u	u	kux	苦	
ei	—	e	meix	米	

续表

白文字母	汉语拼音	国际音标	白文	汉义	备注
ai	—	ɛ	taip	台	中部方言读音，南部方言读为 er 或 ei
e	—	ɯ	bex	水塘	
v	—	v	kvx	蛇	

（二）单元音韵母读音说明

i，舌尖下垂，舌面前部抬高，上下牙齿对齐，嘴角向左右向两边展开，发 i。例如：bif"盐"、bix"矮"，二者的韵母都是 i。

ei，舌根后缩，嘴角向左右两边展开，发 ei。例如：bei"走"、tei"铁"的韵母都是 ei。

er，保持 ei 的开口度和舌位高度，舌根后缩，口型稍变扁，发 er。例如：er"挤"、erx"下（面）"的韵母都是 er。

ai，舌根后缩，嘴角稍微向两边展开，发音基本和 ei 相同，但开口度比 ei 加大，发 ai。例如：汉语借词 hait"海"、taip"台"的韵母都是 ai。

a，嘴张得最大，舌头位置最低，发 a。例如：ta"盖（被子）"、maf"推"的韵母都是 a。

o，舌根后缩，稍微抬高，拢圆嘴唇，口型保持不变，发 o。例如：剑川方言中 dox"上（面）"的韵母是 o。

u，舌根后缩，抬高，嘴唇收缩得比发 o 音更小更圆，而且向前突出，发 u。gux"老"、bux"饱"的韵母都是 u。

e，嘴角稍微向左右展开，舌根后缩，抬高，声带颤动，发 e。例如：bex"池塘"、me"麦"的韵母都是 e。

v，上齿靠近下唇，但不发生摩擦，声带颤动，发韵母 v（该字母还可以表示声母，见前）。例如，zvx"重（量）"、ngvx"五"的韵母都是 v。

四、练习

1. 白文有多少单元音韵母？其形式如何？
2. 练习单元音韵母的书写形式和读音方法。
3. 试写出单元音韵母对应的国际音标，并准确朗读。

第六课　复元音韵母

Deitfv kuol　Fvfyuipye Yuilmut

一、复元音韵母

《白族文字方案（草案）》中的复元音韵母共 14 个。本教程在其基础上增加一个韵母 iei，共 15 个，如下：

白文字母	汉语拼音	国际音标	白文	汉义	备注
ia	ia	ia	bia	八	
iai	—	iɛ	biai	问	中部方言读音，南部方言多读为 ier 或 iei
iao	iao	iau	biaox	不是	
io	—	io	xiox	少	中部方言读音，南部方言读为 iou
iou	iu	iou	niou	要	南部方言读音，中部方言读为 io
ie	—	iɯ	jiex	九	
iei	—	ie	jieix	近	白文方案中该韵母未单独列出
ier	—	ie¹	jierx	井	南部方言读音，中部方言多读为 iai
ui	ui	ui	huix	火	在 j、q、x 后读撮口呼，在 y 后有合口、撮口两读
uai	uai	uɛ	kuail	歪，倾	中部方言读音，南部方言多读为 uer
ua	ua	ua	gua	蕨（菜）	
uo	uo	uo	suox	锁	

· 31 ·

续表

白文字母	汉语拼音	国际音标	白文	汉义	备注
uer	—	ue¹	werf	歪	南部方言读音，中部方言多读为uai
ao	ao	au	zaox	是（的）	
ou	ou	ou	ou	浇	南部方言读音，中部方言读为o

在《白族文字方案（草案）》中，当带有韵头i的复元音韵母ia、iai、iao、io、iou、ier、ie等在与舌面音声母j、q、x、y等相拼时，韵头i省略不写出。本教程基于白语语音的系统性，同时也综合考虑拼音白文在书写法上与汉语拼音方案的一致性，不省略韵头i。

二、复元音韵母读音说明

ia，是由单韵母i和a合成的复韵母，先发i的音，然后口型张开，舌位下降，很快过渡到a音，复合成复韵母ia。例如bia"八"、pia"到；肺"的韵母都是ia。

iai，是由单韵母i和ai合成的复韵母，开始发i音，然后很快过渡到ai，发iai。例如：汉语借词biai"边"的韵母为iai。

iao，开始发i音，然后开口度加大，发a音，紧接着舌根上升，口型收圆，最后复合成复韵母iao。不过白语口语中从a到o的滑动不明显，除读汉语借词外，实际发音接近国际音标[iɔ]。例如biaox"不是"、piaot"布"的韵母都是iao。

iou，先发i音，接着发o音，然后舌根抬高，口型收拢，发u的音，复合成复韵母iou。例如diou"吊"、tiou"跳"的韵母都是iou。

ie，先发i音，接着舌根后缩抬高，嘴唇向左右两边展开，发ie音。如jiex"九"、niex"燃烧"的韵母都是ie。

iei，先发i的音，紧接着发ei，复合为iei。《白族文字方案》虽然也将该韵母视为一个独立韵母，但在韵母表中未单独列出，主要是因为该韵母只跟舌面声母j、q、x、y等相拼，《方案》规定iei与这些声母相拼时，韵头i省略不写出，如jieix写成jeix。在实际应用中，有时也把iei归入iai。本教程综合考虑拼音白文在书写法上与汉语拼音方案的一致性，同时也基于白语语音的系统性，不省略韵头i，同时将iei也单独列为一个韵母。这是本教材对《方案》的一个重要调整。

ui，先发 u，接着发 i，复合为 ui。例如：huix "火"、duix "远"的韵母都是 ui。另外，当 ui 在声母 j、q、x 之后时，则读如汉语拼音方案中的 ü，如 xuix "水"、juix "嘴"。当 ui 在 y 后时，可分别读为 ui（如 yuix "不敢"）和 ü（如 yui "玉"）。

uai，先发 u，紧接着发 ai，复合为复韵母 uai。如汉语普通话借词 huail "（破）坏"。

ua，先发 u，紧接着发 a，复合为复韵母 ua。例如，kuax "狗"、gua "挂；蕨（菜）"的韵母都是 ua。

uo，开始发 u 音，紧接着发 o 音，复合为 uo。例如：huof "花"、guof "生长；锅"的韵母都是 uo。

ao，开始发 a 音，紧接着发 o 音，复合为 ao。但白语口语中从 a 到 o 的滑动不明显，除读汉语借词外，实际发音接近国际音标 [ɔ]。例如：daox "能，可以"、zaox "是（的）"的韵母就是 ao。

ou，开始发 o 音，然后舌根抬高，口形收圆，复合为 ou。bou "拍"、pou "黄瓜"的韵母就是 ou。

三、其他

此外，南部方言有三个儿化韵母，分别用 er、ier、uer 表示。白语的儿化韵母，发音时和汉语儿化韵不同。汉语拼音方案的 er 是整体认读的特别音节，发音时舌头放平，准备发 e 的音，同时把舌尖很快地向上一卷，发出 er 的音。如汉字 "耳" "而"。普通话里有些词的末尾有儿化尾音，书写时要去掉 er 前面的 e，只写后面的 r。而白语的儿化韵，发音时舌尖不向上卷，而是舌根后缩抬高。书写时，完整书写 er 两个字母。

中部方言有一套鼻化韵母，白文一般通过在韵尾加 n 表示。但以 m、n、ng 作声母的音节，其韵母都是鼻化韵，所以不再加 n。

中部方言的鼻化韵母如下：in、ein、ain、an、on、en、vn、iain、ian、ion、ien、uin、uain、uan。

四、练习

1. 白文有多少复元音韵母？其形式如何？
2. 练习复元音韵母的书写形式和读音方法。
3. 试写出复元音韵母对应的国际音标，并朗读。

第七课　声　调

Deitqi kuol　Sexdiaol

一、白语的声调

白语是有声调的语言。所谓声调，就是相同的辅音（声母）、元音（韵母）拼成一个音节时，利用声音的高低及其升降变化来区别词义。例如，白语"泡沫""乳""搅拌"三个词都是由声母 b 和韵母 a 拼成的，只是由于声调的不同，才得以分别表示不同的词义。声调是白语音节结构中不可缺少的组成部分。

白语各方言一般有 6—8 个声调。大理白语和剑川白语都有 8 个声调。语音学上称声调的实际读法即其高低与升降变化为声调的"调值"，把同一种语言调值相同的单音节语素归并在一起，得出不同的声调类型，就是声调的"调类"。大理和剑川白语的 8 个声调，可以归并为 8 个"调类"。

白语声调可以分为松紧两类。白语的声调松紧，和发音时声带及喉部的松紧变化有密切关系，在白语中主要表现为元音韵母的松紧变化。紧元音音节相应读紧类调，松元音音节相应读松类调。紧调的音高高于松调。白语的声母也与声调有密切关系，如大理白语的松声调 31 和 33 调，其塞音、塞擦音声母带有浊音色彩，只是大理白语声母清浊对立已经消失，不区别词义。

二、白语声调字母表

白语南部、中部两个方言各有 8 个声调，两个方言各有一个声调为对方所无。

调名	调号	调值	松紧	例词 1	分布地区
x 调	x	33	松	jix 拉	南、中部方言区
省标调		44	紧	ji 吮吸；水蛭；记	南、中部方言区
t 调	t	31	松	jit 田	南、中部方言区
p 调	p	42	紧	jip 侄	南、中部方言区
l 调	l	55	松	jil 嫂；几（个）	南、中部方言区
f 调	f	35	松	jif 多	南、中部方言区
d 调	d	21	紧	jid 旗；镯子	南、中部方言区
z 调	z	32	松	jiz 渗；寄	南部方言区
b 调	b	55	紧	jib 继（续）	中部方言区

三、关于白语声调来源和发展的研究

白语的声调系统，向来为研究者所注意。由于白语声调系统的复杂性，研究者的出发点以及得出的结论都有根本的不同。主要有三种不同的认识：

第一，白语声调的形成与发展与汉语关系密切，并和汉语构成十分严整的对应关系。如郑张尚芳等提出的"四声八调说"。如下（白语声调按中部方言读音）：

```
    汉语              白语
平   1 阴平      1 [55]     三天千牵心衣刀梯/鱼筒
     2 阳平      2 [21]     头皮禾浮毛人银牛/坡
上   3 阴上      3 [33]     手九草哑齿屎水子
     4 阳上      4 [33]     道厚重柱五女脑马
去   5 阴去      5 [42/32]  棍箭见正姓咽扇碓/匠
     6 阳去      6 [31]     树地钝病耙旧利漏/刺
入   7 阴入      7 [44]     八角脚月绿脉/四气肺二外
     8 阳入      8 [42]     侄舌白十盒/大吠四胃
```

第二，有学者认为白语声调系统是古白语与汉语的混合产物。如陈康在《白语促声考》（1992）一文中，认为白语共有 8 个声调，包括 5 个舒声调和 3

个促声调。从两三千年前开始，白、汉两种语言频繁接触，白语大量借入汉语入声字，白语底层中的彝语支紧甲调与汉语清声母入声词融合，塞音韵尾丢失，元音发生变化与紧喉，保留彝语支紧甲调特征，混合成白语中的"促甲调"词，白语中紧甲调词丢失。白语中的原彝语支紧乙调底层与汉语浊声母入声词混合成白语的"促乙调"词，紧乙调词丢失。借入白语的汉语阳平声词，鼻音和元音韵尾丢失，元音发生变化和紧喉，产生一个新的紧调类——促丙调。因此可以认为，白语的 8 个调是彝、汉语言舒、促融合的产物。

第三，认为白语的声调格局与彝语支相同，是古白语所固有。吴安其《藏缅语的分类与白语的归属》（2000）认为彝语、白语等的紧元音是古塞音尾引起的。原始白语因元音松紧有两个原始调，后又因声母有清、浊不送气、浊送气分化为 6 个声调。他首先确认了白语中的原始调（包括 21 调），而认为 35 调是后起的。同时，这一构想也可解释当代白语中 33、31 等调中声母为何有浊音色彩，而 31 调、21 调同时又有浊吐气成分。如下：

松调 { 清声母　　A1　55　　　紧调 { 清声母　　B1　44
　　　浊声母　　A2　33　　　　　　浊声母　　B2　42
　　　浊送气声母　A3　31　　　　　浊送气声母　B3　21

四、白语方言声调分类学习

（一）两个方言都有的调（7 个）

1. 白语声调有松调和紧调之分。其中有两对松紧调可以互相比较来辨别记忆：即 33（x）和 44（省标调），31（t）和 42（p），松调 33 读起来低一些，喉头松一些，紧调 44 要高一些，喉头紧一些。31 和 42 也同此（参看表 1 和表 2）。

表 1

调名	调号	调值	松紧	例词 1	例词 2	例词 3
x 调	x	33	松	jix 拉	zix 街，集市	dax 胆
省标调		44	紧	ji 吮吸	zi 生气，怒	da 搭，和，与

表 2

调名	调号	调值	松紧	例词1	例词2	例词3
t 调	t	31	松	jit 田	zit（狗等）生育	dat 偷
p 调	p	42	紧	jip 侄	zip 十，拾	dap 踩踏

2. l 调（55）和 f 调（35）关系密切。后者是从前者中分化出来的，大理方言中已经发展出较多的 f 调（35）。大理方言中的 f 调（35）在剑川方言中大多仍读为 l 调（55）。d 调的主要特点是喉头紧缩，带有挤喉特点，有学者称其为挤喉音，发音低沉，喉部紧张。

表 3

调名	调号	调值	松紧	例词1	例词2	例词3
l 调	l	55	松	jil 嫂；几（个）	zil 做	dal 伯父
f 调	f	35	松	jif 多	zif 真	daf 抬，挑
d 调	d	21	紧	jid 旗；镯子；唱（曲）	zid 秧	dad 桃子

（二）方言特有声调（2个）

z 调（32调），为大理方言特有声调，在剑川方言中大都读为 p 调（42调）。

b 调（55调紧喉），为剑川方言特有声调，专门用于拼写现代汉语普通话第四声的字，比55调发音喉头更紧，音高更高。

表 4

调名	调号	调值	松紧	例词1	例词2	例词3
z 调	z	32	松	jiz 渗；寄	ziz 释放	daz 担（子）
b 调	b	55	紧	jib 继（续）	zib 制（造）	dab 大（概）

五、练习

1. 熟练掌握各种调类的调值和书写形式，并默写。
2. 说说白语元音和声调的关系。
3. 熟读课文中的声调例词，并试以韵母 a 按不同声调朗读。

第八课　学习歌

Deitbia kuol　Hhepsif gao

一、课文

　　Xitxit-huafhuaf pia xiaoftal,
　　qioulqioul-xifxif nial hhepsif.
　　laozsi doufmaox ax nial ded,
　　hhepsif niou ssvtxif.

　　Bifpel-vvxhhoup leil gerf mux,
　　siffvz atni-bitni jif.
　　gerlni zei kel weix at svl,
　　berpngvzzi werpsif.

二、生词①

deit	第(一);(年)代;搬运(稍带贬义)	bif	风;盐;(旁)边;左(手)
bia	八;抱	pel	喷;吹;碰
kuol	课(程);效,有效;痛快	vvx(xi)	雨
gao	歌,歌曲;哥	hhoup(oup)	落,下(雨)
xithuaf	喜欢	bifpel-vvxhhoup	风吹雨打

---

　　① 白语中同音词较多，为节约篇幅和便于编排，同音词生词不分别列出，仅在首次出现课文中列入生词表，同时列出其不同的意义。如本课中 pia 为"到（达）"，但生词表中列出其"到（达）"和"肺"两项词义。后面课文中作"肺"讲时不在生词表中另行列出。下同。

续表

xitxit-huafhuaf	喜喜欢欢,高高兴兴	leil(lil)	也
pia	到(达);肺	gerf	惊,害怕,恐怕,大概;间(房子);(人)家
xiaoftal	学堂,学校	mux	不;没有
qioul	好	fvz	份(数);副(量词);哄睡(婴儿)
qioulxif	好好(地)	siffvz	知识,学问,书法
qioulqioul-xifxif	好好(地)	at	一;阿(妈);啊
nial(lial)	咱们①	ni	天,日;(进)入;热
hhep	学,学习;力(气);位置,地方	bit	比;蓑衣
sif	书;字;狮(子);(宗)师	atni-bitni	一天比一天(固定格式)
hhepsif	学习,读书	jif	多;预约,嘱咐;辔头,(马)笼头
laozsi	老师;老实,实在	gerlni	今天
douf	公(的),雄(性),父亲;逗(小孩),挑逗;	zei	再;折(断);摘
maox	母;母(的),雌(性)	kel	开(门)
doufmaox	父母	weix	眼睛;眼,洞;位置,地点
ax	看	svl	双(量)
ded	头(部),前(面);头,个(量词)	berp	白(色);白(族),白(语)
ax…ded	期望,盼望	berpngvz(zi)	白语
niou	要;魔芋	berpngvzsif	白文
ssvt(svt)	用	werp	写
xif(xil)	心;柴;新	werpsif	写字
ssvtxif	用心,认真		

---

① 本教材适当考虑了白语大理方言的不同土语特点或变读现象。如"咱们",大理方言不同土语中有 nial、lial 两读,或同一土语中也有 nial、lial 变读,故在词表中一并列出,以便学习比较。下同。

三、课文注解：白族民歌

白族民歌，又称"白族调"，白语称 berpkv（意为"白曲"），是白族地区普遍流传的一种民歌形式。它格律严谨，结构形式独特，为白族群众所喜爱，有着深厚的群众基础，不少白族人张口成诗，出口成调。可独唱，亦可对唱。白族调有比较固定的乐曲，演唱时大都用三弦琴伴奏。白族调一般用白语唱，个别时候也用汉语。白族调善于通过生活细节来展开描述，想象力丰富；喜欢采取赋比兴的艺术手法。

白族调的结构形式为每首八句。第一句通常用"花上花""翠茵茵""机落堆"等类似的三个音节起兴作韵头，第二、第三两句为七字句，第四句为五字句，第五、六、七句为三个七字句，第八句又是一个五字句，构成"三七七五、七七七五"的结构形式。第一句也可是一个七字句，则其构成形式为"七七七五、七七七五"。从乐段上看，前四句为上阕，后四句为下阕。如洱源西山民歌："几秋勒，蜜蜂想花花想蜜，你也想我我想你，想到哪一天。老虎它想点苍山，金鱼它想洱海水，燕子它想青瓦房，我想小阿妹。"因此，白族调是一种有着独特结构和风格的民族艺术形式。这一诗歌形式最早的文献可追溯到明代白族诗人杨黼所撰的白文诗碑《词记山花·咏苍洱境》，因此又称为白族"山花体"诗歌。

白族调有严格的押韵规则，歌词必须合韵，方能入曲。不同的韵还有独特的曲名，即"韵头"，韵头既用于定韵，也有起兴作用。白族调韵头有 36 个，如 hua sal hua "花上花"、xil gaf pia "小心肝"、cuil ye ye "翠茵茵"、seit nivx tei "小阿妹"、jix laoz duix "远和近（汉字音译记为'机落堆'）"等。以 xil gaf pia 为例，白语意为"小心肝"，主要用于情歌的起兴，同时定了 a 韵，二、四句押韵时就要押主元音为 a 的韵。

白族调题材广泛，有反映白族人民身受剥削压迫痛苦的，有歌唱劳动生产的，有倾吐爱情和反映社会风俗的，充分反映了白族人民的生产和生活。每年的大理三月街、绕三灵、剑川石宝山歌会，都是白族民歌集中展现艺术魅力的重要场合。"白族调"（白曲）已经被列为国家非物质文化遗产。

四、每课一谚

Cuxcet niou ssvt zif,
炒 菜 要 用 猪油
hhepsif niou ssvt xif.
学 书 要 用 心

汉语意义：炒菜要用油，读书要用心。

五、练习

1. 用 ba、pa、ma、fa 四个音节练习白语 8 个声调。
2. 熟读课文单词。
3. 背诵课文并默写。

第九课　问　候

Deitjiex kuol　Salbier

一、课文

A：Atdal（dix），nil niou bei alna?

B：Ngaot bei Hexjieix.

A：Nil cal ye laoz mux?

B：Ye hel laoz. Naot zex alna nidgerf?

A：Ngaot zex Jieipcuil no.

B：Nel mierf hhef hatleid?

A：Ngaot xierz dual, ngel mierf zex Dual A'pep.

B：Naot bei yef Dallit zil alsert sitvvx?

A：Ngal bei yef guerxxiaf.

B：Naot dafnidzi nil biaox?

A：Biaox, ngal zex sal nid le.

B：Gerlni nal niou bei alna guerxxiaf?

A：Gerlni ngal xiat bei zerd het ga guerx.

B：Nerl nal bei zid, zerd het guerx qioul le.

A：Zaox laoz, jiaxleid zil nil kual le bei.

B：Zaox, nerl zei salgeiz.

二、生词

sal	三;相互,互相	A'pep	阿鹏
bier	问	yef	来
atdal	大伯(对称)	Dallit	大理(近现代汉语借词)
atdaldix	大爹(对称)	zil	做;作;话题标记;则,就
nil	您;和;还是;呢(疑问词)	alsert	什么,哪个
ngaot	我	sitvvx	事务,事情
naot	你	ngal	我们
ngel	我的	guerx	逛,观(赏)
nel	你的	xiaf	闲,休息
bei	走,去	guerxxiaf	旅游,游玩
alna	哪里,哪儿	dafnidzi	单独,一个人
Hexjieix	喜洲(大理地名)	biaox	不是
cal	早饭;错,差错,差(钱),欠(债);唱(近现代汉语借词)	nal	你们
ye	吃;村子,村邑	xiat	想;希望;打算
laoz	了(时态助词);溜(走)	zerd	城,城市;成(为)
hel	…掉(了);…在;之后,然后	het	…里,里面;赌气,生闷气
zex	是;有;在;柱子;挂;撑(船);因饭菜肥腻而倒胃口	zerd het	城里(特指大理古城)
nid	人;银(子)	ga	把,将;(摆)拢,(聚)合;表示动作量少时短的助动词;(粮)仓
nidgerf	人(家)	nerl	话题标记;那,那么;但,可是,于是;呢
Jieipcuil	剑川	zid	时,时辰;秧(苗);伸(手);浸(泡);(走)去,(去)往;…成
no	的(结构助词);…上	le	的,地
hhef	喊	zaox	是(的)
mierf	名字	kual	慢,宽(心)

· 43 ·

续表

hatleid	什么，哪个	geiz	见；碗
xierz	姓；性(子)	salgeiz	相见
dual	段(姓氏)		

三、语法注解

1. 白语的问候语中传统上没有"你好"的说法，一般的问候语是"您吃了吗？""您要去哪里？"等。

2. 白语的基本语序是 SVO，即传统语法所说的主语—谓语—宾语。白语是所有藏缅语中仅有的两种 SVO 语言之一（另一种为缅甸克伦语）。例如：

Ngaot ye cal. 我吃（早）饭。
我　吃（早）饭

Nil bei alna? 您去哪儿？
您　去　哪儿

3. 大理白语的否定词 mux "不，没有"、biaox "不是"、zup "不用，不消" 出现在句子的末尾或动词后。

Ngaot ye mux laoz. 我不吃了。
　我　吃 不 了

A'pep ded alda mux. 阿鹏没在这。
阿鹏　个 这里 没有

Det nid ngel dal biaox. 这个人不是我伯父。
这　人 我的 伯父 不是

Naot bei zup laoz. 你不用去了。
你　去 不用 了

4. 白语的系词"是"与"有""在"词形相同，都为 zex。系词和存在动词等同形的现象在一些语言中比较普遍。如：

ngel mierf zex Dual A'pep. 我的名字是段阿鹏。
我的 名　是　段　阿鹏。

Alda zex nidgerf. 这里有人。
这里 有　人

Naot zex alna? 你在哪里？
你　在　哪里

· 44 ·

5. 疑问代词

根据替代对象的不同，白语中有多种不同的疑问代词，这些疑问代词都是由表疑问的语素和其他语素构成的合成词。白语中 al 或 alna、hat 是表疑问的基本语素，相当于汉语的"哪""何"。由这些语素构成的疑问代词有如下几类：

（1）代人（单数）的疑问代词"谁，哪个（人）"：hatnid, alna nid, na'nid

（2）代物（单数）的疑问代词"什么，哪个"：hatleid, alna leid

（3）代人或物（复数）的疑问代词"哪些"：hatya, naya, na'xief

（4）代处所的疑问代词"哪儿、哪里"：hatweix, alna, naweix, nahhep

（5）代时间的疑问代词"什么时候，何时"：hattal, hatzid, natal, na'zid

（6）代数量的疑问代词"多少、几"：jil, jilxioux

（7）代性质、状态、行动、方式的疑问代词"如何，怎么，咋个，怎样，哪样"等：zeilmel, zeil

（8）代原因的疑问代词"怎么"：zeilleid, zeilmel

6. 白语疑问句的构成

白语疑问句一般有三种类型。

（1）特指问句。分两类，一般由疑问代词（包括指代人、事物、时间、处所、数量的疑问代词）或疑问语气词构成。

疑问代词：

Naot zil hatleid？ 你做什么？　　Baot zex hatnid？ 他是谁？
　你　做　什么　　　　　　　　　他　是　谁

Jilxioux at jieif？ 多少（钱）一斤？
多少　一　斤

疑问语气词：

Naot bei yazyef zeil（leid）？ 你怎么回来了？
你　走　回来　怎么

Nel daldix nil？ 你伯父呢？
你的大爹 语气

（2）是非问句。分两类，一类加语气词 mux（nil mux）"是不是，有没有"构成，一类加 zaofbiaox"是不是"构成。分别如下：

Baot bei yazyef laoz mux？ 他回来了吗？
他　走　回来　了　没有

Naot sua berp zaofbiaox？ 你会说白语是吗？
你　说　白　是不是

(3) 选择问句。用 nil "和，还是"连接两个话语成分，表示对说话内容的选择性发问，如：

Naot bei nil bei mux? 你走还是不走？
　你　走　还是　走不

Nil bei Dallit nil Jieipcuil? 您去大理还是剑川？
　您　去　大理　还是　剑川

四、每课一谚

Weip juif zef xiouf gaf,
　佛　尊　争　香　杆
nidgerf zef qi juix.
　人家　争　气　嘴

汉语意义：佛争一炷香，人争一口气。

五、练习

1. 朗读以下白语音节，进一步熟悉声母和韵母字母，重点准确把握声调区别。

ngax	fvx	goux	hhex	berx
nga	fv	gou	hhe	ber
ngat	fvt	gout	hhet	bert
ngap	fvp	goup	hhep	berp
ngal	fvl	goul	hhel	berl
ngaf	fvf	gouf	hhef	berf
ngaz	fvz	gouz	hhez	berz
ngad	fvd	goud	hhed	berd

2. 熟背生词并听写。
3. 朗读课文并两个同学一组联系对话。

第十课　人称和亲属称谓

Deitzip kuol　Gvf nidgerf mel

一、课文

A：A'pep ded nil?

B：Baot zex haotdvf.

A：Det nid zex hatnid?

B：Det nid zex A'pep bel dix.

A：Bet nid nil?

B：Bet nid zex bel yei.

A：Zex bal haotdvf xiaf bel goux nid zex hat goux nid?

B：Bel goux nid zex bel jioul nil bel gexmex.

A：Bel gao nid zil hatleid?

B：Bel gao nid zil ngvjiouz.

A：Bal haotdvf zei ye de hat gal nid?

B：Zei Ye de bel louz, bel nei, bel maox, bel jix, bel nivxtei, zei zex jip goux nid.

A：Bel louz nil bel nei herlsi nil mux?

B：Bal bia'zip sua laoz, bertsit leil mux, zal goux nid herlsi le. Zex zi zex sual, bal leil xithuaf laoz.

A：Bel guf nil?

B：Bel guf der'fer hel laoz, bel gulme zex Zilzerd no.

A：Bel gao ded peilzif hel laoz mux?

B：Peilzif kaox laoz, nerl zilnidxit hel mux naf.

A：Bel daotjix gez hel laoz mux?

· 47 ·

B: Bel daotjix zaof de zouxmeid saophhep nid.
A: Bal det haot guoz de weifni le.

二、生词

baot	他,她	bal	他们
haotdvf	家里	zip	十;拾,捡
hat	何,什么	sua	岁;说;血;捋(袖子、叶子)
hatnid	谁,什么人	bertsit	病痛
det(let)	这,这(个)	zal	全(部),全(都)
bet	那;不;托(带),附(带),寄(信)	zi	儿子;男(人);恼火,发怒;表小词缀
bel	他(她)的;那(后跟复数数量词组)	sual	酸;孙(子)
dix	父亲,爸爸	guoz	(经)过;过(日子)
yei	叔叔;(大)烟	guf	姑妈;供,供给;箍(桶)
goux	二,两(个)	der'fer	打发,出嫁
jioul	舅,舅舅	gulme	姑父,姑爹
gexmex	舅母,舅妈	Zilzerd(Zelzerd)	周城(大理村名)
ngvjiouz	木匠	peilzif	成家,结婚(指男性)
de	得(钱),赚(钱);…着,…得(结构助词);结(冰),凝结	kaox	快…了;雇(人);租,(船)费
gal(wal)	几(个)	zilnidxit	结婚,办喜事
louz	爷爷	naf	呢(语气助词)
nei	奶奶;(十)二;拿	daot	大;毒(动词、名词)
jix	姐;拖、拉;底(部);双(鞋)	gez	(出)嫁;救;给,让,使
tei	弟;铁;拆	zaof	招,招收
nivx	女儿,女(人)	zoux	上(坡),上(门)
nivxtei	妹妹	zouxmeid	上门,入赘

续表

jip	侄儿,外甥	saophhep	丈夫,女婿
herlsi	健康		

三、语法注解：白语的人称代词

白语人称代词分一、二、三人称，有数和格的范畴（格只限于单数形式），用辅音、元音和声调的交替来表示。各方言中对应严整，显示这是原始白语的共有形式。在彝语支语言中，部分语言也有人称代词格的变化。因此，这种通过语音屈折表示人称代词格的变化，可能是原始彝缅语的共有形式。

白语各方言与其他彝语支语言的主要区别在于：

第一，白语人称代词有数的变化，而多数彝语支语言没有数的变化，主要通过添加后缀的形式表示复数。

第二，彝语支语言只有部分语言有人称代词格的变化，且主要通过元音或声调的屈折变化表示。白语各方言人称代词都有屈折变化，且辅音、元音、声调都有屈折变化形式。

第三，白语与各彝语支语言的第一人称复数都有包括式和排除式的区别。但白语各方言的包括式和排除式用声母的语音屈折表示，彝语支语言通过添加后缀的形式表示。因此，这些特点都表明白语人称代词较好地保留了原始彝缅语的形态变化形式。白语各方言的人称代词变化情况如下表所示：

（一）白语人称代词的构成

人称代词人称、数和格的范畴，都通过语音（包括辅音、元音和声调）的屈折变化（又称为语音交替）来表示。

	单数		复数	
	主格或宾格	领格	不分格	
第一人称	ngaot 我	ngel 我的	ngal 我们，我们的（排除式）	nial 咱们，咱们的（包括式）
第二人称	naot 你；nil 您	nel 你的	nal 你们，你们的	
第三人称	baot 他（她）	bel 他的	bal 他们，他们的	

例如，包括单数、复数以及主格、宾格在内的形式，都是在元音和声调都相同的情况下，通过声母辅音的交替表示不同的人称；而不同人称的形式，又是在声母辅音不变的情况下，通过元音韵母和声调的交替表示单复数和格的变化。

其中：

（1）第一人称复数有排除式和包括式的区别，ngal "我们"是排除式，nial "咱们"是包括式。

（2）大理白语人称代词第二人称单数有通称 naot "你"和敬称 nil "您"的区别，其他一些方言土语没有敬称。

（3）第三人称单数在白语部分方言中也有通称和敬称的区别，但这个区别是后起的，白语大理话除通称 baot "他"以外，还有敬称 bet nid，有"那位"的意思，表示尊敬。这一敬称使用的是分析形式。

（二）人称代词的功能

白语人称代词主格、宾格同形，可在句子中用作主语或宾语。比较特殊的是白语的人称代词领格。白语人称代词宾格在句子中有三项功能：

1. 人称代词领格用作定语。在用作定语时，一般可直接修饰中心语，有时也在人称代词和中心语之间加结构助词。因此，可以看到白语人称代词领格正处于语音屈折和分析形式并存并用的阶段。如：

ngel（vvt） sif cuer 我的书　　　　nial（no） haot jierp 咱们的房子
我的 领属 书 册　　　　　　　　咱们 领属 房子 院

2. 人称代词领格用作谓语。用作谓语的人称代词领格必须加结构助词，不能单独使用。如：

sif cuer（zex） ngel no.
书 册 （是） 我的 领属

3. 人称代词领格用作宾语，须加宾格标记（结构助词）。这是白语人称代词的一个重要特点。加了结构助词的人称代词领格，可以在句中任何位置充当动词的宾语，其位置既可以在动词之后，符合当前白语 SVO 的基本语序；此外，其位置也可以前置在动词之前甚至句首，构成白语其他的两种语序 SOV 或 OSV。与此相对比，人称代词宾格形式的位置只能在动词之后，不能前置到动词之前或句首。从这个角度上说，人称代词领格在作宾语时，其句法功能大大超过人称代词宾格。以句子"不要叫他"为例：

niou gvf bel mel.　　　　Bel mel　niou gvf.　　　　Bel no　niou gvf.
不要 叫 他 宾格　　　　　他 宾格 不要 叫　　　　　他 宾格不要 叫

四、每课一谚

> Zoud tux zil bei qi,
> 长　路 做 走 出
> culmief zil hhep qi.
> 聪明　做 学　出
>
> 汉语意义：长路是走出来的，聪明是学出来的。

五、练习

1. 朗读以下白语音节，进一步熟悉声母和韵母字母，准确把握声调区别。

ngvx	zvx	gex	dex	beix
ngv	zv	ge	de	bei
ngvt	zvt	get	det	beit
ngvp	zvp	gep	dep	beip
ngvl	zvl	gel	del	beil
ngvf	zvf	gef	def	beif
ngvz	zvz	gez	dez	beiz
ngvd	zvd	ged	ded	beid

2. 熟背生词并听写。
3. 朗读课文。
4. 用白语说出自己的家庭成员。

第十一课　白月亮曲（白字歌）①

Deitzipyi kuol　Berp milwa kv

一、课文

Berp milwa zil berpjixjix,
gou no zou de berp ngeid jix.
cil no yiz de berp yif koul,
berp zifyoudbeid sei.

Berpherl-berpsit ye fv het,
berpdoud-berpsoul miou sua qi.
berpzoupni zil nidgerf jif,
berp milwa salhui.

二、生词

milwa(mifwa)	月亮	sei	叶子;舀泼(水);溺爱;张,片,面(量词);习(惯)
gou	脚;播种;张(开);没谱	herlsit(herlssit)	米饭
zou	穿(鞋),戴(手镯);砍;犁(田),耕(地);鸟,麻雀	berpherl-berpsit	白米饭
ngeid(eid)	鞋;攀爬(山)	fv	肚子,腹部;六;笔,毛笔

---

① 剑川白族民歌。本课文改写为大理方言，部分字词作了改动。

续表

cil	身体;丢失,遗留;输(钱);吐(口水);肿;(大)葱	doud	话
yiz	穿(衣)	doudsoul	话语
yif	衣(服),(上)衣;依(从),同意;一(近现代汉语借词)	berpdoud-berpsoul	直白话语
koul	件(衣服)	miou(niou)	不要,莫要
youd	羊;杨(树),杨(姓);扬(谷);阳(溪);摇	qi	七;…出;从容器中取出物品
zifyoud	绵羊	berpzoupni	白昼,白天
beid	皮;剥(皮)	salhui	相会

三、语法注解：白语的构词方式（单纯词和附加式合成词）

总的来看，白语固有词中单音节词比较多，多音节词少。但当代白语多音节词有不断增多的趋势。多音节词大多数是在单音节词根的基础上，按照一定的构词方式组合而成的。此外，白语从汉语中借入了大量不同历史层次的借词。

白语词汇可分为单纯词和合成词两大类。其中，单纯词可以分为单音节单纯词和多音节单纯词，合成词可以分为附加式合成词和复合式合成词。

（一）单纯词

由一个语素构成的词是单纯词。

1. 单音节单纯词

单音节单纯词一般表达白族生产、生活中最基本的概念。单音节单纯词构成的基本词汇有较强的生命力，它不仅表达词汇的基本含义，而且是构成新词的基础。

2. 多音节单纯词

多音节单纯词有多种类型，有的词声母韵母都不相同；有的是声母或韵母相同的叠音词以及声母、韵母都相同的双声叠韵词。白语多音节单纯词大部分是名词，小部分是动词、形容词、副词或连词。例如：

bidbed 蚂蚁　　　　dilder 唢呐　　　　daddid 蜻蜓
gaolli 蝴蝶　　　　zeiga'la 鲫鱼　　　oudmerf 青蛙

gaollaol 贝壳　　　　le'le 越发，更　　　　gudgulgux 斑鸠
hhexlied 猫头鹰　　　boufbouf 蝙蝠　　　　bidsul 毛虫（剑川）
laga 癞痢头　　　　　vvlmerl-vvldex 蝌蚪（剑川为 gvldex）

（二）附加式合成词

合成词有附加式、复合式、重叠式三种。本课讲附加式合成词。附加式合成词通过在词根的前后附加构词成分的方式构成。分以下几种类型：

1. 前加的附加式

（1）在人名、昵称亲属称谓以及疑问代词和指示代词之前加 at 或 al。例如：

atdal 阿伯　　　　　atnivxtei 阿小妹　　　　atzi （我的）孩子

（2）在名词前加 bel，使这个名词表达的事物具有"为其他人所属的"或"为其他事物所领有的"概念，bel 原为人称代词单数第三人称的领格形式，在此已转化为名词的前加成分。例如：

belbed 利息　　　　　belgua 本钱　　　　　　belbad 气味
belzaod-belxuix 汤汤水水　　　　　　　　　　beljiap-belweix 伙伴

2. 后加的附加式

在名词、动词、形容词的后面都可以加后加成分以构成新词。

（1）在指人的名词后面加 bol（剑川方言）、baof（大理方言）除表示阳性外，还表示"威严、能干、受尊敬"的意义。如：

Saolnipbol 绍尼（公）　　　　Atkabol 阿卡（公）
guanlbol 官（爷）　　　　　　seifsidbaof 山神（公）

（2）baof、maox 在词尾表示生物的性别外，还使非生物的名词具有"巨大""高大""重大"的含义。例如：

weipmaox 佛祖（释迦佛）　　　jilguilmaox 犁
zoupkuilmaox 巨石　　　　　　yifdafmaox 大砍刀，砍柴刀

（3）在名词后面加 zi "子"，表示"细小格"，小称，赋予名词小或可爱等的含义。例如：

hhepsifzi 小学生（读书郎儿）　suimeixzi 碎米粒儿
huofgudlufzi 花骨朵儿　　　　seitzepzi 小毛贼

（4）zi 充当类似汉语"~子"的构词后缀。如：

zerfzi 桌子　　　　　　　　　yetzi 椅子

（5）量词的词缀化。白语名词后通常要跟量词，构成名+量结构。某些量词和名词结合比较紧密，具有词缀化的倾向，这一方面是基于量词对名词词义的界定和补充，也可能有单音节词双音节化的内在作用。在白语母语人看来，如无后附的量词成分，则名词的意义不完整。如：

geiz beid　碗（个）　　　　gou pou　脚（只）
meid seiz　门（扇）　　　　jierx kuol　井（口）

四、每课一谚

Zil nid zil de qieil,
做 人 做 得　钱
xiaf nid xiaf zerd bert.
闲 人 闲 成 病

汉语意义：做事的人挣到钱，闲晃的人闲成病。

五、练习

1. 仔细听读，然后在单词后的横线上标出声调符号

sa_	de_	xui_	dei_
bier_	bao_	gv_	ger_
ngao_	lao_	ber_	ngv_
zi_	na_	da_	fv_
xier_	ni_	guo_	wei_

2. 熟背生词并听写。
3. 背诵课文并学唱。

第十二课　地理环境

Deitzipnei kuol　Deitleix jitfvf

一、课文

A：Nial Deitleix ba'zit zex hux jitfvf le.

B：Wei hatleid jiaxhe sua?

A：Nil ga hal, dvfmiz no zex qierlyelmel Erxgaod gaod, seifmiz no zex gafdaot xifmel Dietcaolseif kuil, svzded zipjiex kuil, belgazhet ged tel yef qilxuix zipbia gvf. Nadmiz no zex Erxguerf, bemiz no zex Douxguerf, belxifhet zex daot berddat dat. Zipyi-yapwa leil gef mux, qi'biawa leil hhetni mux, at sua zipnei wa, wawa'zi weifwod, guoz de feix kuixhuof.

B：Sua haof le, dettal jilxioux nidgerf xiat bei yef Deitleix guerxxiaf.

二、生词

Deitleix	大理(传统说法)	zipbia	十八
jitfvf	地方	zipjiex	十九
ba'zit	坝子	doux	上(面);漱(口),涮(洗)
hux	好	Douxguerf	上关,龙首关
wei	为(了)	Erxguerf	下关,龙尾关
wei hatleid	为什么	gaz	……间(隙);擀(动);滚(动);排(水)
jiaxhe	这样,这么	belgazhet	(两个事物)之间,其间
hal	看;生,生养;放牧	xifhet	中间,中心
dvf	东;冬	belxifhet	中间,中心

续表

nad	南;难,困难	ged	流(水);卖;骑(马)
seif	西;山;寺;(新)鲜;仙(人)	tel	(走)下,下(来),下(雨);腾(换)
be	北;笨	qil	千;亲;辣;粪;溪;潮;湿
miz	(东)面;面(粉);(白眼)斜视	xuix	水
dvfmiz	东面	gvf	江;叫;腌(青菜、萝卜);弓;条(河)
mel	宾格标记;处所标记;才;的	berd	平;坪;扒;耙;牌;场(量词)
qierl	青;清;听;堂屋两侧卧房	dat	田野;片(地);偷,盗
qierlyel(zi)mel	清幽幽,清澈	berddat	平坝,平原
gaod	湖,海;麻;富(裕);爱	wa	月(份);外(面);旺,兴旺
erx	下(面)	yapwa	腊月,十二月
Erxgaod	洱海	zipyi-yapwa	寒冬腊月
gaf	高;教(书);肝;干旱,干燥;杆(量词)	gef	冷;舀(饭,水);钩(起);公(母)
xif	…的(地);串,穗(量词)	qi'biawa	七八月,夏天
gafdaot	高大	hhetni	炎热
xifmel	…的(地);心里,心中	weif	温(暖),温(水);炒(饭)
Jifcaolseif(Dietcaolseif)	点苍山	weifwod	温和
kuil	座(量词,山);个(量词,馒头)	feix	很,非常
svz	山	kuixhuof	快活,轻松,愉快
svzded	山头,山顶	haof	合(理),合适,对,正确
yi	一(序数词)	tal	时间,时候;够(东西);堂
jiex	九	dettal	这时,现在
zipyi	十一	xioux	少
zipnei	十二	jilxioux	多少;很多

三、语法注解：白语的构词方式（复合式合成词）

复合式由两个或两个以上的根词复合构成新词，根据词根间的结合关系，可分为以下几种形式：

（一）并列式

1. 名词+名词

heil jit　天地，天气，田地　　　　dix maox（douf maox）　父母
天 地　　　　　　　　　　　　　　父 母　公 母

zi nivx　子女，孩子　　　　　　　nivf tei　兄弟
子 女　　　　　　　　　　　　　　兄 弟

ni xier　日子　　　　　　　　　　huof hhex　爱情
日 夕　　　　　　　　　　　　　　花 柳

juix weix　脸　　　　　　　　　　cal beix　饮、饮食（早餐晚餐）
嘴 眼（对比汉语"面目"）　　　　　餐 饭

xil gal pia　心肝，宝贝　　　　　qi hhep　力气
心 肝 肺　　　　　　　　　　　　气 力

2. 形容词+形容词

jil xioux　多少　　　　　　　　　gaf daot　高大
多 少　　　　　　　　　　　　　　高 大

3. 动词+动词

ye hhex　吃喝，饮食　　　　　　　guerx xiaf　游玩
吃 喝　　　　　　　　　　　　　　逛 闲

（二）偏正式

1. 名词修饰名词中心语

nivx tei　妹妹　　　　　　　　　　yaoz fvf　宵夜
女 弟　　　　　　　　　　　　　　夜 饭

nged gerd　　　　　　　　　　　　zoup gef　钥匙
牛 肉　　　　　　　　　　　　　　锁 钩

2. 形容词修饰名词中心语

goud gerd　肥肉　　　　　　　　　qiert cet　青菜
肥 肉　　　　　　　　　　　　　　青 菜

gaf tux 旱路   daot nid 大人
干 路   大 人
gvl cet 腌菜   hua xuix 开水
腌 菜   开 水

4. 副词修饰动词中心语

herl kou 痛哭   herl merd 嘶叫，嘶鸣
生/活 哭   生/活 鸣

（三）主谓式

1. 名词+动词

heil merd 打雷   kerlvvx merd 胡说
天 鸣   屁股 鸣

2. 名词+形容词

heiljit hux 晴（天地好） xif berp 诚实，淳朴
天地 好   心 白
heil miert 天黑   weix mel cer 嫉妒，眼红
天 暝   眼 助 赤

（四）动宾式

cv meid 出门 tul herlssit 讨饭 zoux meid 上门
出 门   讨 饭   上 门
bei tux 走路 suaberp 说白语
走 路   说 白

特殊形式：动词+名词+名词

niou nil guod 可爱 zaf nil xif 无望，没指望
要 人 爱   焦 人 心

（五）补充式

yad ke (he) 起床 dou (gua) ferx 跌倒
抓 起   摔 掼 翻
qierl merd 聪明   cv yef 出来
听 明   出 来

四、每课一谚

> Douxguerf huof, Erxguerf bif, Erxguerf bif pel Douxguerf huof;
> 上　关　花　　下关　风　下关　风　吹　上关　　花
> Dietcaol sui, gaod mifwa, gaod mifwa zouz Dietcaol sui.
> 点苍　雪　　海 月亮　　海　月亮　照　点苍　雪
>
> 上关花，下关风，下关风吹上关花；
> 苍山雪，洱海月，洱海月照苍山雪。

五、练习

1. 熟读课文。
2. 背诵生词并听写。
3. 朗读以下音节，注意区分三个平声调和三个降调。

zvl	mel	jiel	kerl	ngeil
zv	me	jie	ker	ngei
zvx	mex	jiex	kerx	ngeix
zvp	mep	jiep	kerp	ngeip
zvt	met	jiet	kert	ngeit
zvz	mez	jiez	kerz	ngeiz
zvd	med	jied	kerd	ngeid
zvf	mef	jief	kerf	ngeif

4. 懂白语的同学用简单白语介绍自己的家乡，并用白文写出，其他同学拼读。

第十三课 人的身体

Deitzipsal kuol Nidgerf cilkoul get

一、课文

A: Nidgerf huox cilkoul get berp no zeilmel sua?

B: Nial yap doux sua tel erx. Dedbaod kuox no zex dedmaf dez, juixweix ce no zex weixmeif goux zet, weix svl, bidgua(bidfv'dei) zv, mizdef, juixbap, nivxdoup, xialba, juixgerf leid, juixgerf het zex zi'ba juix nil zeip pit. Zi'nid huox zei herl de wud juix.

A: Xierxguaf leid erxmiz no nil?

B: Xierxguaf leid het zex gvpdeijix, zi'nid huox zex gudzi-gua'dei. Xierxguaf leid erxmiz no zex bux pit. Cilkoul get dedmiz zex xifgel-ger'ded nil bap goux dil, hhexmiz no zex daotgerzxif, fv kuox het zex zoudvvp nil xifgafpia. Fv kuox erxmiz no zex yifgua zv nil hhexdoud (kerlvvx) leid.

A: Zei zex sexgou nil?

B: Zaox laoz. Zei zex sexbatzi, sexguitzi, sexzei, sexjitxif, sextatmaox, sexjitger. Gou pou nerl zex daotkuert, seitkuert, kuertdedzei, gertgerfzi, jiapbapzi, gou'zei, gou'jitxif, gou'daotbeiz, gou'tatmaox, goujitger.

A: Beljiap zei zex naf mux?

B: Haof laoz, nidgerf huox cil no zei zex gerd, jieif, sua, gua'ded.

B: Bel mierf detgerd zil niou ssvtxif ji naf.

A: Zaox laoz. Nial zalgerdzi qioulxif hhep.

· 61 ·

二、生词

cilkoul	身体	dil	(乳房)个
get	旧；给；个(量词,身体)；架,辆(量词)	dedmiz	前面
zeilmel	怎么	hhex	后(面),后(边)；喝,饮；柳(树)
yap	由,从	hhexmiz	后面
dedbaod	头	daotgerzxif	后背,脊背
kuox	颗,个；卡(脖子)；叉(柴草、刺丛等)	zoud	肠；长(短)；藏；场(山地间的狭长坝子)
dedmaf	头发	vvp	胃；麂子
dez	戴(帽子)；顶(量词,修饰"头发""帽子")	xifgafpia	心肝肺；宝贝,心肝
pou	只(眼睛,脚)；黄瓜	yifgua	腰杆
juixweix	脸	hhexdoud	臀部
ce	捆、扎(动)；张、面(量词,修饰"脸""天")	kerlvvx	屁股
weixmeif	眉毛	sex	手；守；首(歌)；就；座(桥)
zet	树；驮子；站(立)；棵,根(树)；套,身(衣服)	sexgou	四肢,手脚
bidgua	鼻梁	sexbatzi	手臂,手膀子
bidfv'dei	鼻子	sexguitzi	手肘,手拐子
zv	个(鼻梁)；条(河)；根(衣带)；…(得)住；竹子；冲打	sexzei	手腕
mizdef	面颊	sexjitxif	手掌,手掌心
juixbap	腮帮	sextatmaox	手指头
nivxdoup	耳朵	sexjitger	手指甲
juix	嘴,口	daotkuert	大腿
juixgerf(juixgud)	嘴巴	seitkuert	小腿

续表

leid	个(泛用量词)	kuertdedzei	膝盖
zi'ba	牙齿	gertgerfzi	胫骨
zeip	舌头；折（本），缩减；（一）截	jiapbapzi	腿肚子
pit	片,个(量词,修饰圆状半圆状物体,如"舌头""太阳")；谝,讲	gou'zei	脚腕
zi'nid	男人	goujitxif	脚掌,脚掌心
huox	些,伙	gou'daotbeiz	脚背
xialba	下巴	gou'tatmaox	脚趾头
herl	生(肉)；活,菜,汤菜	goujitger	脚趾甲
wud	胡子；扶,握	beljiap	其他,另外
xierxguaf	脖,颈	jieif	筋；金(子)；斤；尖
gvpdeijix	喉咙,咽喉,嗓子	gua'ded	骨头
gudzi-gua'dei	喉结	detgerd	这么多
bux	肩膀；饱；(缝)补；找补	ji	记(忆)；季(节)；吮吸；蚂蝗
xifgel-ger'ded	心口,胸口	zalgerd(zi)	全部,都
bap	(牛)奶；乳房；说话（贬义）		

三、语法注解：白语的构词方式（重叠式合成词）

通过重叠词根构成新词，就是重叠式构词。分三种形式：（1）单音节词根重叠后，再添加附加成分，构成 AAB 的三音节形式；（2）单音节词加附加成分后构成双音节形式，再重叠构成 ABAB 的四音节词形式；（3）双音节词根重叠，无附加成分，构成 AABB 的四音节词形式。重叠构词的方式是白语使词根词义范围扩大或程度加深，能表达更加繁复、抽象、概括的概念。

（一）单音节词根重叠

单音节词根重叠后，再添加附加成分，构成三音节的形式。总体上说，单音节词根重叠构词的形式在白语中不是很发达。主要包括以下几种：

1. 在词尾加 zi

形容词或副词重叠，构成性状副词。如：

li'li'zi　好好（地）　　　　　kualkualzi　慢慢（地）

量词重叠，表示"人人""个个""天天"的包括式概念。如：

nidnidzi　人人　　　　ni'ni'zi　天天　　　　leidleidzi　个个

动词重叠，表示时短量少的动作。如：

xiafxiafzi　闲一下　　　　mixmixzi　想一想

2. 在词尾加 yit

li'liyit　好好（的）　　　　jieljielyit　静静（地）

lia'liayit　亮亮（的）　　　　zvpzvpyit　浑浊（的）

defdefyit　保持原状（的）　　suerfsuerfyit　刷刷下雨状

3. 在词尾加 no（剑川）

xiotxiotno　好好地（吃）　　pailpailno　透透地（打）

mopmopno　细细地（切）

4. 在词尾加 he

maxmaxhe　到处　　　　　mierpmierphe　闷头大口吃东西状

sidsidhe　失神发呆状　　　zerfzerfhe　太阳暴晒状

5. 在词尾加 lex（剑川）

qinlqinllex　辣辣地（调味）　gulgullex　稠稠地（熬汤）

cetcetlex　慢慢地　　　　　zaipzaiplex　密密麻麻地

6. 在词尾加 mel

zuxzuxmel　早早（地）　　cerlcerlmel　轻轻（地）

xierlxierlmel　清清爽爽（地）

7. 在词尾加 sex（见于洱源、剑川等地）

miaipmiaipsex　黑压压地　　jiondjiondsex　跫跫地（脚步声）

（二）单音节加附加成分后重叠

单音节的形容词加附加成分后再重叠，构成词义更为加强的 ABAB 式四音结构的形容词或副词，例如：

gufnerp-gufnerp　粘稠粘稠（guf"稠，胶"）

miertzat-miertzat　忽明忽暗，模模糊糊（miert"暗"）

lvyed-lvyed　绿幽幽，绿莹莹（lv"绿"）

· 64 ·

cerhut-cerhut　半红不红（cer"红，赤"）
gefsoul-gefsoul　冷飕飕（gef"冷"）

（三）双音节词根重叠构成四音节词

两个词根分别重叠之后再加以连合，构成一个 AABB 式新词，这一构词类型大体有以下数种：

1. 意义相近的名词重叠，使词义范围扩大或更加概括。例如：

laodlaod-bazbaz　虎豹、野兽　　　zetzet-ngvngv　树木
虎　虎　豹　豹　　　　　　　　　树树　木木

sexsex-gougou　手脚　　　　　　geizgeiz-baba　碗钵
手手　脚脚　　　　　　　　　　　碗碗　钵钵

zizi-nivxnivx　子女
子子 女 女

2. 意义相反的名词重叠，通常表示范围和方位。例如：

ketket-wawa　里里外外　　　　　douxdoux-erx'erx　上上下下
里里　外外　　　　　　　　　　　上　上　　下下

3. 意义相近或相反的动词重叠，表示动作的移动、重复等。例如：

teltel-zouxzoux　上上下下　　　　mixmix-katkat　盘算，考虑
下下　上上　　　　　　　　　　　想想　想想

yeye-hhexhhex　吃吃喝喝　　　　 seixseix-douxdoux　洗洗涮涮
吃吃 喝 喝　　　　　　　　　　　洗洗　漱漱

qierlqierl-bierbier　探听，探访　　zoudzoud-beixbeix　遮遮掩掩
听听　问 问　　　　　　　　　　　藏藏　　蔽蔽

coulcoul-gutgut　煽风点火，怂恿
推　推　拱拱

4. 意义相近或相反的形容词重叠，表示强调语气或描写事物的参差不齐。例如：

kvlkvl-kuakua　宽敞　　　　　　 zer'zer-gerpgerp　狭窄逼仄
空空 宽 宽　　　　　　　　　　　窄窄　夹 夹

celcel-zoudzoud　长短不一　　　　zuxzux-meixmeix　早早晚晚，迟早
短 短 长 长　　　　　　　　　　　早早　晚　晚

daotdaot-seitseit　大小不一
大　大　小　小

qilqil-gaodgaod　麻辣，亲热
辣　辣　麻　麻

qierlpierl-merdmerd　清清楚楚
清　清　明　明

weifweif-nini　热热闹闹
温　温　热　热

四、每课一谚

> Bei tux niou bei nidgerf ded,
> 走　路　要　走　人家　前头
> sua doud niou sua nidgerf hhex.
> 说　话　要　说　人家　后
>
> 汉语意义：路要走人前，说话莫争先。
> 注释：本谚语含义比较丰富。大体有三个意思：（1）按礼仪来讲，走路可以走在人前，但说话不能抢别人的话，否则会引人不快；（2）意思是要争先做，不要抢先说；（3）多做事少说话，或先做后说。

五、练习

1. 熟读生词，注意名词和量词的搭配。
2. 熟读课文，并翻译为汉语。
3. 听写生词中的基本词汇。

第十四课 十二月调[①]

Deitzipxi kuol   Zipnei wa kv

一、课文

Zerfwa pia yef guoz zerfwa,
sitwa pia yef weipmaoxjia,
salwa pia yef salwasal,
xiwa pia yef Guerxsallad.
Ngvxwa daot fvlgerf,
fvwa meifdef huixzuit berd,
qiwa guod cvcaol,
biawa guod meix berd.
Jiexwa guod zilxif-zilxif,
zipwa guod ziljierd-ziljierd,
zipyiwa het dvlzilzeiz,
yapwa ye deipgerd.

二、生词

| kv | 弯曲;曲(子),调(子) | meif | (古)火 |
| zerfwa | 正月,春节 | meifdef | (古)火灯,火把 |

[①] 大理市挖色白族民歌。根据王富先生《鲁川志稿》(大理州南诏史学会2003年编印)记录同名民歌(原文为汉字白文)改写。

续表

sit(ssit)	第二	huix	火
neid	二十,廿	huixzuit	火把,火炬
xi	四;(雨)场,阵;(水)下渗	guod	水稻,禾(苗);合(得来),爱
ngvx	五	cv	出(门)
weip	佛;佛像,塑像	caol	(古)车;(制)造
weipmaox	佛母;大佛,释迦牟尼佛	cvcaol	(水稻)出穗,抽穗
jia	节(日);接;加(减);(走)遍	meix	米;晚,迟;垂(头),弯腰
weipmaoxjia	佛祖出家日,太子会	jierd	(一)捆;情(意)
salwasal	三月三(传统节日)	dvlzilzeiz	冬至节
lad	兰(花);寺庙(兰若);(花)园;栏(杆);蓝(色),蓝靛	deip	猪
Guerxsallad	绕三灵	gerd	肉;(数量)多
fvl	插(秧);蜂	deipgerd	猪肉
fvlgerf	插秧		

三、知识背景:《十二月调》老白文原文

则汪叭应过则汪
史汪叭应委嫫加
三汪叭应三汪三
西汪叭应逛三兰
五旺捣富格
夫汪眉灯灰举白
妻汪郭出造
八汪郭美白
金汪郭自锡自锡
直汪郭自井自井
直一汪很咚直载
牙汪因歹革

· 68 ·

四、语法注解：白语的基数词

（一）核心数词

白语各方言的核心数词如下表：

	大理喜洲	洱源凤羽	剑川金华	兰坪弥罗岭	泸水洛本卓	元江因远
一	at；yi；yif	yi	yi	i	at	i
二	goux；nei	gaox	gonx	gox	gvt	gaonx
三	sal	sal	sanl	sanl	sanl	sanl
四	xi	xi	xi	si	xi	zi
五	ngvx	ngvx	ngvx	ngvx	ngut	ngex
六	fv	fv	fv	fo	fv	fv
七	qi	qi	qi	ci	qi	ci
八	bia	bia	bia	bia	zhua	bia
九	jiex	jiex	jiex	jix	jit	jiex
十	zip	zip	zaip	zhep	zherp	zhip

从上表可以看到，白语各方言的核心数词是有非常严整的对应关系的，语音形式也非常一致。

1. "一""二"两个数词的不同形式

"一""二"两个数词在很多白语方言中有多种形式，如"一"有 at、yi、yif 三种形式，"二"有 goux、nei 两种形式。从来源上看，at、goux 应为白语固有词，而 yi、yif、nei 则是汉语借词。白语中的汉语借词又分不同的历史层次，如白语喜洲话数词"一"的两个形式 yi、yif，前者是早期的借词形式，后者是较为晚近的借词层次。表现在功能上，at、goux 与 yi、nei 以及 yif 三类有明显区别。

at "一"、goux "二"作为白语的固有词形式，可以直接加量词使用，也可带计位数词，如下：

at nid 一人 　　goux nid 两人 　　at ber 一百
goux qil 二千 　　at ngvt 一万

需要指出的是，at"一"、goux（gaox）"二"不能出现在多位数词的个位数位置上。

yi"一"、nei"二"作为早期的借词，一般只能用在多位数词的个位数位置上，在功能上分别与at"一"、goux"二"构成互补关系。例如：

neid yi 二十一   neid nei 二十二   at ber nil yi 一百零一

yif"一"作为较为晚近的现代汉语借词，只能用在现代汉语借词固定格式或特定数字词汇中。如"1918（年）"读为yif jiout yif baf，"五一节"读为wut yif jieif 等。

2. 白语核心数词与其他词类的组合关系

白语各方言的数词都不能直接修饰名词，而是要先跟量词构成数量结构，或跟指示词、量词构成指量结构，才能与名词结合。数词的位置在名词之后，量词之前，结构形式为名词+（指示代词）+数词+量词。在这个体词结构中，名词和量词是不能或缺的，指示代词和数词则不是必需的。分两种情况：

名词的数量为二以上时，数词都不能省略。

当名词的数量为一时，又分两种类型：

数词"一"不出现，此时表示该名词为定指，且数量为一，量词与名词的关系紧密，即"名+量"结构。名词和量词之间也可以加指示词。所构成的结构以名词为中心语，可在句中充当主语或宾语。如：

cux niez （这棵）草   cal juix （这顿）早饭
草　棵   早饭嘴

数词"一"出现，强调名词的数量为"一"。结构形式为"名词+数词+量词"。名词和数词之间不能再加指示词。该结构以量词为中心语，在句中只能做宾语。如：

yifbeiz at zet 一套衣服   zidtil at gaf 一个梯子
衣 被 一 套   直 梯 一 杆

（二）计位数词

白语和汉语一样，以十进位计算数目。各方言的计位数词较为一致。从来源上看，各方言的计位数词都是汉语借词，显示了白语数词系统与汉语的密切关系。如：

	喜洲	凤羽	金华		喜洲	凤羽	金华
十	zip	zip	zaip	千	qil	qil	qinl
百	ber	bai	bai	万	ngvt	ngvd	vnp

(三) 复合数词

复合数词由核心数词和计位数词组合构成。如前所述，白语各方言复合数词的构成有不同情形。一是十位数的复合数词，直接由计位数词和核心数词构成。如果是百位数以上的数词，不同位数之间需加连词。如：

At ber nil yi 　一百零一　　　at qil nil ngvx ber 　一千五百
一 百 和 一　　　　　　　　一 千 和 五 百

表示整数的复合数词，一般用白语固有词或早期汉语借词表示。如果是表示精确数字、位数较多的复合数词，如"三万零五十四"等，一般情况下全部用现代汉语借词来表示。

五、每课一谚

Yifdaf zix le'le maod zil le'le yit,
刀子 把 越 磨 则 越 利
nidgerf huox le'le hhep zil le'le lied.
人家 们 越 学 则 越 灵

汉语意义：刀越磨越快，人越学越灵。

六、练习

1. 熟读生词，注意名词和量词的搭配。
2. 熟读课文，并翻译为汉语。
3. 听写生词中的基本词汇。
4. 写出从一到十以及百、千、万的白语词汇。

第十五课　饮食习俗
Deitzipngvx kuol　Yehhex

一、课文

A：Nal alda at ni ye jil duiz?

B：Xiaf zidjia ye cal nil beix goux duiz. Zil zuozsex zidjia ye xi ngvx duiz le. Zuxmerdberp ye seitcal（ditxif）, dedzeizgvf ye daotcal, daot nihet ye ni'det, hhexzeizgvf ye beix, yaozhet zei ye yaozfvf.

A：Nal calbeix ye hatya jif?

B：Calbeix zil ngal ye herlsit jif.

A：Nal kux ye no herlpa zex hatya?

B：Gerd nerl ngal ye deipgerd nil geifgerd. Nged gerd, youdgerd nil agerd ye xioux. Ngal xia deip nerl zil sul（hut）baot, zil herlgerd leil ye zid daox, haz no hhef "sexpip", zex baifcuf zuil cvmierf no herlpa youz. Ngal gaod het zex ngvf, aod, qiel, gazgex, kaolfvcet, zalgerd feix ye'qioul, belhet gaofngvf zafsif cvmierf. Nei lafzit, ngvguerf muxzil zvxjieix zvx gaod het ngvf, haz no mierf hhef "sua'lafyuip", qilqil-gaodgaod lerzzei sual, ngal feix xithuaf ye.

A：Nal kux ye gafmi huovvx nil mux?

B：Leil ye le, nerl ye sual no zidjia jif. Gvlcet zex ni'ni'zi ye. Zei ssvt lafzit nil luwerljiz zil sualzi, zeit sualzi er ye herlgerd, qilzi nil yapyuil det xief.

A：Seitcal nil nidet nal ye hatya?

B：Ditxif, ni'det zil ye ssitkuil, ssitkuilhex, mitxieil, youlfet, me'pit（badbaf）, memizherl. Sul ssitkuil, liap mitxieil zil feix ye'qioul, nidnidzi kux ye.

A: Zaox laoz, ga ngaot qierl zil ged xilmierzzi laoz.
B: Bei Dallit xiaf yef, ngaot qierx naot ye.

二、生词

alda	这里,这儿	qiel	螺蛳
jil	几(个),多少;嫂子	gazgex	菱角
duiz	对(对联);顿(饭);碓	kaolfvcet	海菜
zidjia(zidgerx)	时候,时节	ye'qioul	好吃
zuozsex	工作,活计	belhet	其中
zux	早;(水)藻	gaofngvf	弓鱼
zuxmerdberp	早晨,早上	zafsif	扎实,很
dedzeizgvf	前晌午,上午	lafzit	辣子,辣椒
hhexzeizgvf	后晌午,下午	ngvguerf (meguerf)	木瓜
nihet	白天;日中,正午	jieix	梅子;近
yaoz	夜;老婆,妻子	zvx	煮;重,重(量)
yaozhet	夜里,晚上	zvxjieix	炖梅
beix	晚饭;遮,遮蔽	qilqil-gaodgaod	麻麻辣辣;亲亲热热
calbeix	饮食,饭(两餐或三餐饭的统称)	lerzzei	另再,又
seitcal	早点(海东)	gafmi	甜,甘甜
ditxif	早点,点心(海西)	huovvx	东西,货物
daotcal	午饭	gvlcet	酸腌菜
ni'det	(吃)晌午	luwerl	杨梅
yaozfvf	宵夜	luwerljiz	杨梅酱
hatya	哪些,哪样	er	腌(肉);打蘸水或拌调料(吃);拥挤
kux	苦;爱(吃);擅长(做)	qilzi	茄子
herlpa	菜肴	yapyuil	土豆,洋芋

续表

geif	鸡;该;坚(固);…在	xief	…些;修行;(时)兴,兴(起)
nged	牛	ssitkuil(sitkuil)	饵块
a	鸭	hex	线;痊愈;兴旺;李(子)
xia	杀;相(互)	ssitkuilhex	饵丝
sul	烧;艘(船)	mitxieil	米线(近现代汉语借词)
hut	燎	fv'zv	米线(传统说法)
daox	得,可以,行	youlfet(youffvz)	(豌)豆粉,油粉
haz	汉(族),汉(语)	me	麦(子);墨(汁);焖
herlgerd (herlxiou)	生肉(白族菜肴)	me'pit	馒头(海西)
sexpip	生皮(近现代汉语借词)	badbaf	粑粑,饼,馒头(海东)
zuil	最	memizherl	面条
cvmierf	出名	liapmitxieil	凉米线
youz	样(子);样,种	xilmierzzi	口水
ngvf	鱼	qierx	请
aod	虾;赢;胜(过);(大)王		

三、语法注解：序数词和倍数词

（一）基本序数词

白语各方言中的序数词大都借自汉语，由汉语借词"第"加核心数词构成。如：

deit yi　第一　　　　deit nei　第二　　　　deit zip　第十

（二）其他序数词

表月份的序数词，除一月、二月、十二月较为特殊外，都由数词加"月"构成。"一月"为汉语"正月"，"十二月"借自汉语"腊月"。"二月"的

"二"不同于白语其他表示"二"的数词,应该是白语固有序数词的遗留。如:

	正月	二月	十一月	腊月
喜洲	zerf wa	ssit wa	zipyi wa	yap wa
金华	zil ngua	sit ngua	donl ngua	yap ngua

表日期的序数词,分农历和公历两种。公历一般同当地汉语方言。农历的日期以月为单位计算,单数日由"月""生"加数词构成,如"月生一日""月生二日"。"十"以后的日期序数直接称数目。如下:

wa herl yi　初一　　　wa herl nei　初二　　　zip ngvx　十五(日)
月　生　一　　　　　　月　生　二　　　　　　十　五

(三)倍数词和分数词

白语中的倍数词借自汉语"倍"或"份",表示法也同汉语。如:

goux beit　两倍　　　　sal fvz het at fvz　三分之一
两　倍　　　　　　　　三　份　里一份

四、每课一谚

Youdzi hhex bap gvt maox mel,
羊　子喝　奶　跪　母　宾格
hevvf daf weiz bel maox ye.
黑　乌　叨　喂　它的　母　吃

汉语意义:羊羔吃奶跪母前,乌鸦寻食喂母亲。

五、练习

1. 熟读生词。
2. 熟读课文,并翻译为汉语。
3. 听写生词中的基本词汇。

4. 写出以下生词的量词。

zet_____（一棵）树　　　　　　gaod_____（一个）海

jit_____（一块）地　　　　　　ni'pit_____太阳（个）

bifsif_____（一阵）风　　　　　jitdat_____（一片）田野

nidgerf_____（一个）人　　　　sextatmaox_____（一根）手指

Dietcaolseif_____点苍山（座）　xuix_____（一条、股）水

cilkoul_____（一个）身体　　　juixweix_____（一张）脸

sex_____（一只）手　　　　　　gou_____（一双）脚

第十六课　白族（短文）

Deitzipfv kuol　Berpzi-berpnivx

一、课文

　　Ngal Baipho zex atber nil jiexzip ngvt xuiz dier, belhet gvz geif Yuipnapset Dallit Baifcuf Zilzilzou nidgerf zuil jif. Beljiap nerl Hupnap nil Guilzou leil zex Baifcuf nidgerf le. Beldedmef, ngal gvf dafnidzi mel "Berpzi", "Berpnid", "Berphuox". Hazzi, Nafxi'zi nil Lifsufzi huox gvf ngal mel "Miepjia", "Natmat", "Laitmait". 1956 nieip bet sua, Dallit Baifcuf Zilzilzou ceplif, tutyif hhef zil Baifcuf.

　　Baifcuf nidgerf gvz de jitfvf no, gafsvz zex Dietcaolseif nil Laozzui'sa, daotgvf zex Laodcoulgvf, He'nvdgvf, Jieifsaolgvf, zei zex Erxgaod, Jieilhup, Cifbilhup, Tixcip gafjitberd gaod bex det xief. Baifcuf nidgerf wu gvz geif svzgaz-bexbif mel ba'zit het. Deitleix, Hhoupkert, Jieipcuil, Pietdat, zaldier'zi zex feix guozhux no ba'zit le.

　　Baifcuf jitfvf jietzil feix hux, qilhoul weifwod, guxdoud cerl zex jiaxleid sua: "Heiljit zoud xuid sitsalwa, xiji seifhuof keil bet zui."

　　Baifcuf jitfvf no cvfxit feix qioul, tei, gerx, la, bif, cutsif, guxdeit zidjia wu kelwap laoz.

　　Baifcuf gvzcvt zex lifsiz zoudduix, vephual silgex. Baifcuf nidgerf guxdeit pia dettal, ga vephual jiaolyouf daf zil zuil yaojiet no sitvvx teil, nerl cv qi nidgerf atgerd, Dallitzou zex zuldit vepvvf calmuxjif salber weix, zex nial guerfjia no miepcuf zilzizou het zil peip dilyif laoz, Da'lit jiaxleid mel hhef zil "vepxieil miepba".

　　Baifcuf nidgerf qierlmerd zil niou zei qiepkuil, pap zuafjiaf, mafyeid ger'ngvf, zilsefyi jieipngedmerx, leidleidzi zil def daox. Xi'qil sua dedmef, Baifcuf guxdeit nidgerf wu hhep de fvlguod laoz, dettal nerl zvz de guod, yuilmerl, me, mifsaod, det, cetzi det xief. Baifcuf nivxnid huox feix dehhep, bal halsa haotdvf, zil jitmef zuozsex, nerl gaged-gamerz leil feix houp. Baifcuf zi'nid huox heiljit pap wot hel zil zei cvmeid zil fvlnieif zuozsex, nerl dil cv qi jialyif atgerd, nidjiouz, gerxjiouz, ngvjiouz, zoupjiouz, neidxuixjiouz zex cvmierf xia.

Qilbersua ngerdyef, atdeitdeit no berpzi-berpnivx fvfwut nial guerfjia, da nivftei miepcuf no beiga-saljit, qilqil-gaodgaod, wei nial guerfjia no lifsiz fafzat ssvt hel atgerd xifhhep.

Dettal zil, Gulcaxdat nil guerfjia no zelcerf hux, Baifcuf da nivftei miepcuf no atyouz, ni'xier ya atni-bitni guoz qioul.

二、生词

Berpzi-berpnivx	白子白女,白族儿女	sil	深;申,(属)猴
Baipho	白族	gex	厚;垢,污垢;靠,倚靠;曰;舅(传统)
Baifcuf	白族(近现代汉语借词)	silgex	深厚
Berpzi	白子,白族	jiaolyouf	教育(近现代汉语借词)
Berpnid	白人,白族	atgerd	多,很多
Berphuox	白伙,白族	daf	当(家);挑,抬,扛;叼;搭(上)
xuiz	…多,…许	yaojiet	要紧;重要
gvz	住,居住;坐	teil	台(事情);太(近现代汉语借词)
Yuipnap	云南	zuldit	重点
set	省(份);省(略);让,使;嫁,出嫁	vepvvf	文物
Zilzilzou	自治州	calmuxjif	差不多,将近
Hupnap	湖南	peip	排;赔(近现代汉语借词)
guilzou	贵州	vepxieil	文献
Nafxi'zi	纳西族	qiepkuil	勤快

续表

Lifsufzi	傈僳族	pap	盘(田),盘(庄稼)
Miepjia	民家(汉族称白族)	zuafjiaf	庄稼
Natmat	拉玛,那马(白族支系)	maf	推;擦,擦拭
Laitmait(Baipnid)	勒墨,巴尼(白族支系)	mafyeid	撑船,划船
nip(nieip)	年(近现代汉语借词)	ger	捉;(鱼)鳞,甲
ceplif	成立	sefyi	生意
tutyif	统一	jieip	赶(马),追赶
Laozzui'sa	老君山	leidleidzi	每个,个个
Laodcoulgvf	澜沧江	fvlguod	栽秧
He'nvdgvf	怒江(黑龙江)	zvz	种(植)
Jieifsaolgvf	金沙江	yuilmerl(nilmerl)	玉米,包谷
Jieilhup	剑湖(剑川)	mifsaod	大麦
Cifbilhup	茈碧湖(洱源)	det	豆,蚕豆
Tixcip	天池(云龙)	cetzi	菜籽,油菜
gafjitberd	高原,高地	dehhep	得力
bex	潭,池塘;斧头	halsa	照看,照顾,招呼
wu(sex,sux,cux)	就	jitmef	田间,地里
svzgaz-bexbif	山间湖畔	gaged-gamerz	贸易,做买卖
Hhoupkert	鹤庆(县)	houp	厉害,擅长
Pietdat	祥云(县),品赕	wot	完,结束
Zaldier(zi)	全部,都	cvmeid	出门
guozhux	好过	fvlnieif	副业(近现代汉语借词)
jietzil	景致	jialyif	工匠
qilhoul	气候(近现代汉语借词)	nidjiouz	银匠
heil	天	gerxjiouz	铜匠
jit	地,田;…近,…拢	zoupjiouz	石匠
heiljit	天气;天地;田地	neidxuixjiouz	泥水匠
xuid(yuid)	像,似	qilbersua	千百年

· 79 ·

续表

sitsalwa	二三月,春季	ngerdyef	以来,过来
xiji	四季	atdeitdeit	一代代,世世代代
seifhuof	鲜花;山花	fvfwut	珍惜,珍爱
zui	断,绝;拧(毛巾);挤(牛奶)	guerfjia	国家
cvfxit	出产,收获	nivftei(ssvftei)	兄弟
gerx	铜;砍(树),间(苗)	miepcuf	民族
la	锡	beiga-saljit	走拢一起,合得来,和睦相处
cutsif	大理石,础石	lifsiz	历史
wap	挖(土);(马)跑;鹰,老鹰	xifhhep	心力,精力
kelwap	开挖,开采	Gulcaxdat	共产党
gvzcvt	住处	zelcerf	政策
zoudduix	长远	atyouz	一样
vephual	文化		

三、语法注解：白语的指示代词

白语基本的指示代词主要包括近指的 det（let）"这"和远指的 bet "那"。因此，白语的指示代词系统基本属于二分法。有的民族语言中还有更远指。

（1）白语指示代词一般不能直接修饰名词，而是先与量词构成指量结构来修饰名词，位置在名词中心语之后，如：

nidgerf det nid 这个人　　　svz det kuil　这座山
人家　这个　　　　　　　　山　这座

zuozsex bet zuaf 那种活计　　jiapweix bet huox 那些朋友
活计　那种　　　　　　　　伙伴　那伙

（2）个别表示时间、地点的名词可以直接被指示代词修饰，如：

det weix　这里,这儿　　　bet tal 那时　　　bet ni 那天
这 位置　　　　　　　　那时候　　　　　那日

（3）白语指示代词有语音交替构成的复数形式。当所指示的是两个以上事物时，近指的 det "这" 和远指的 bet "那" 都变读成高平调，如下：

nidgerf det nid　这个人　　　　　　nidgerf del sal nid　这三个人
人家　这个　　　　　　　　　　　　人家　这三个
bel gao bet nid　他那个哥哥　　　　bel gao bel gal nid　他那几个哥哥
他的哥　那个　　　　　　　　　　　他的哥　那　几个

四、每课一谚

> Ged meix nid ye sui meix zi,
> 卖　米　人　吃　碎　米　子
> sul werz nid gvz maofcux haot.
> 烧　瓦　人　住　茅　草　房
>
> 汉语意义：卖米人吃碎米粒，烧瓦人住茅草房。
> 注释：意思是世道不平，庄稼人和烧瓦人反而缺吃缺住。

五、练习

1. 熟读生词。
2. 熟读课文，并翻译为汉语。
3. 听写生词中的基本词汇。

中 编

第十七课 岁 时

Deitzipqi kuol Zidjia-wa'ni

一、课文

A：Ngaot sif cuer no hal de, guxzidjia, Baipho zex dafnidzi no liffaf le.

B：Ngaot leil qierl guoz le, zaop quix huixzuit bet ni gerf wu guxzidjia at sua het deityi ni.

A：Guxdeit liffaf belhhex xief mux sa. Deltal zil zalgerd gu'lif ssvt jif.

B：Beldedmef luplif leil ssvt jif le.

A：Zaox laoz, at sua zipnei wa, wawa zex wa'daot waseit, wa'daot salzip xier, waseit neidjiex xier, zei zex setsua setwa.

B：Luplif no wawa zeilmel gvf?

A：Zerfwa, sitwa, salwa, xiwa, ……,zipyiwa(dvfwa), yapwa.

B：At wa no ni'xier zeilmel sua?

A：Waherlyi, waherlnei, ……, at huif pia waherlzip, belhhex zex zipyi, zipnei, zipsal, ……at huif pia salzip ni.

B：Merf suasua zil zeilmel ji?

A：Ssvt tixga-dilzi, berp no hhef zipnei zvp. Wu zex：svx, nged, laod, taollao, nvd, kvx, merx, youd, sil, geif, kuax, deip. Zipnei sua zil zex at xuid.

B：Jiaxleid zil ngaot qierl tvl laoz, ngaot zex zvp taollao bet sua jizherl. Beif dedded-hhexhhex del gal sua zeilmel gvf?

A：Beldedsua, dedsua, nadzilsua, gerlzilsua, hhexsua, belhhexsua.

B：Nini nil?

A：Beldedni, dedni, zerdserxni, gerlni, merlni, atzipni, atwa'ni, atmerdni.

B: At ni het zidjia zeilmel sua?

A: Guxnid huox zil zalgerd jiaxhe sua: bazyaoz‑salgerf, geifmerdkv, merdberp, zuxcerxke, ded zeizgvf, yecal zidjia, nihet, ni'det zidjia, hhex zeizgvf, yebeix zidjia, heilmiert, cerxzid‑cerxjia, yaozhet. Dettal nisua seit huox zil sua jit ditzu laoz.

B: Jiaxleid zil zalgerd hhep de laoz. Merlni heiljit qioul, merf nial bei gua svz kex?

A: Gerlni, merlni, atzipni zal sal ni zi ngaot zex kuol, atwa'ni zil xiexqi'ni, nial bettal zei bei.

B: Zaox, nial atwa'ni zuxcerxhe baf ditzu bei.

二、生词

zidjia‑wa'ni	岁时	jiz	寄;渗;蛭
gux	古;老;鼓	jizherl	生,出生,寄生
guxzidjia	古代,古时候	dedded‑hhexhhex	前前后后
liffaf	历法	beldedsua	大前年
zaop	说,(说)道,遭(受)	dedsua	前年
quix	烧,点(火把)	nadzilsua	去年
guxdeit	古代	gerlzilsua	今年
sa	语气助词(表否定);撒(秧);跑;搓球状物(如汤团、汤圆等)	hhexsua	明年
belhhex	以后,其后,今后	belhhexsua	后年
beldedmef	以前,从前	nini	日子
luplif	农历	beldedni	大前天
gu'lif	公历	dedni	前天
yaplif	阳历	zerdserxni	昨天
wawa	月份	merlni	明天
wa'daot	大月	atzipni	后天
waseit	小月	atwa'ni	大后天

续表

setsua	闰年	atmerdni	大大后天
setwa	闰月	guxnid	老人
ni'xier	日子,日夜;生活	bazyaoz-salgerf	半夜三更
waherl	初…(农历计日)	merd	明(亮);鸣(叫)
huif	(一)回,次;石灰	geifmerdkv	鸡叫时分
merf	多	merdberp	(天)亮,(天)明
suasua	年份	cerx	睡觉
tixga-dilzi	天干地支	cerxhe	睡起,早晨
zvp	属(相);熟;浊	zuxcerxhe	大早上
svx	鼠	miert	黑,暗
laod	虎	cerxzid-cerxjia	睡觉时间
taollao	兔子	nisua	年纪
nvd	龙	dit(zu)	点(钟)
kvx	蛇	gua	爬(山);挂;卦;竿,茎;杆(笔)
merx	马	xiexqi	星期
xuid	(一)巡,(一)轮	xiexqi'ni	星期日
tvl	通;懂		

三、语法注解：白语名词的组合关系

（一）名词与名词的组合

白语各方言的名词中心语受名词修饰语限定时，中心语在后，修饰语在前。在白语各方言中，这一基本词序占绝对优势。如：

	大理喜洲	鹤庆金墩	剑川金华	兰坪弥罗岭	云龙宝丰
头发	ded maf	xia	ded mal	dux mail	ded maf
眼皮	weix beid	weinx baid	weinx beid	nguix bid	nguix beid
猪肉	deip gerd	deip gaird	deip gaid	daip gad kol	deip gaid

续表

	大理喜洲	鹤庆金墩	剑川金华	兰坪弥罗岭	云龙宝丰
鸡蛋	geif seiz	geif sainp	geil seinp	geil saip	geif seip
楼梯	ned zid til	laid gud	ned gud	net tainl	ned zid til

个别的名词修饰语在后，中心语在前。表示人或动物的性别的名词组合，都是中心语在前，修饰语在后。这一类型数量较少，应该是早期白语的遗留。汉语的某些方言中也有"鸡公""鸡婆"的类似说法。这个现象在彝缅语中普遍存在，应是共同彝缅语的遗留。如：

	大理挖色	鹤庆金墩	剑川金华	兰坪弥罗岭	云龙宝丰
公鸡	geif baof	geif baol	geil bol	mad geil	dul bex
母鸡	geif maox	geif maox	geil mox	geil mox	geif maox
公牛	nged douf	nged baof	nged bol	nged bol	nged baof
母牛	nged maox	nged maox	nged mox	nged mox	nged maox

名词之间的结合，在一些白语方言中目前更多地使用结构助词。尤其是多音节名词，结构助词是必需的。

（二）名词和动词的组合

白语方言中名词在作动词的受事对象时，位置在动词之后，构成动宾式短语。这种词序与彝语支语言的宾+动语序构成鲜明区别。如：

sua doud 说话　　cut bia 赌钱　　gaf sif 教书　　zil zuozsex 干活
说　话　　　　玩　钱　　　　教　书　　　　做 活计

除了上述的动宾式结构外，一些白语名词与动词的结合关系是比较特殊的。如"下雨"，白语既可以说成 tel vvx（下雨），也可以说成 vvx oup（雨落）。

（三）名词与代词的结合

1. 受人称代词修饰

白语名词自身没有领属形式，领属关系用人称代词修饰名词的方法表示。当名词受人称代词修饰时，名词作中心语，位置在人称代词之后，人称代词用领格形式，表示对名词的领属关系，如：

ngel gou pou　我的脚　　　　bel sif cuer　他的书
我的脚 只　　　　　　　　他的书 册

除以上直接用人称代词领格修饰名词外，白语方言还可以在人称代词和名词之间加结构助词"的"来表示领属，此时人称代词单数仍用领格形式（复数无领格形式）。

如果名词表达的事物是整体中的一部分，或是特指的一个事物，名词前加第三人称单数领格形式 bel，表示该名词所表示的事物是有所属的，bel 的意义和功能大体等同于汉语"其"。如：

bel guafmi　根　　　bel jix　底部　　　bel gerf　柄
其　根蒂　　　　　　其　底　　　　　　其　柄
bel doudsoul　话　　bel beid　皮　　　　bel xif het　中间
其　话语　　　　　　其　皮　　　　　　其　心 里

2. 受指示代词修饰

名词作中心语，位置在指示代词之前。值得注意的是，白语中名词不能与指示代词直接组合，两者的组合必须通过量词或数量结构，构成名词+指示词（+数词）+量词的结构。当名词的数量为一时，数词"一"可以省略，如：

deipzi det guof　这锅猪食　　　zaolli del goux leid　这两个笊篱
猪 汁 这 锅　　　　　　　　　　笊篱 这 两　 个

（四）名词受形容词修饰

白语名词在受形容词修饰时，名词中心语一般在后，形容词作修饰语一般在中心名词之前，如：

gef xuix　冷水　　　daot bifsif　大风　　　miaoz tux　直路
冷 水　　　　　　　大 风　　　　　　　直 路
berp saofdaod　白糖　qierl piaot　青布　　　gaf zaoz　旱地
白　砂糖　　　　　　青　布　　　　　　　干 山地

但是，在某些白语复合词或短语中，却存在名词位置在形容词之前的现象，也就是说，形容词修饰语在名词中心语之后。如：

wa daot　大月　　　　wa seit　小月　　　　gerz daot　贵
月 大　　　　　　　月 小　　　　　　　价 大

四、每课一谚

> Perlsvp zil ga　　pel pel ye,
> 稀饭　话题 体貌　吹 吹 吃,
> sua'doud zil ga　mix mix sua.
> 说 话　话题 体貌　想 想 说
>
> 汉语意义：热粥要吹着吹着吃，说话要想着想着说。

五、练习

1. 熟读生词。
2. 熟读课文，并翻译为汉语。
3. 听写生词中的基本词汇。
4. 朗读下面词汇，注意声韵调的区别

   gel　ge　gex　　　　gerd　gert　gerp
   zil　zif　zi　　　　jiex　jie　jiez
   bed　bez　bet　　　bier　bierf　bierz
   zv　zvf　zvl　　　　ssvp　ssvt　ssv
   hel　he　hex　　　　geif　geiz　gei

5. 简单说出年、月、日的各三个基本词，如：今天、昨天、明天。

第十八课　学习及文具

Deitzipbia kuol　Hhepsif nil hhepsif jiasi

一、课文

A：Nial zalgerdzi zex hhepsifzi.

B：Baifcuf nidgerf xithuaf hhepsif.

A：Zaox laoz, haotdvf zei nad dier leil gerf mux, Baifcuf nidgerf zex doud jiax cerl sua zaop, tei ged haot leil guf svlzv'nivx bei xiaoftal het hhepsif naf.

B：Sua haof laoz, fvfwei jiaxleid, Baifcuf cv qi nidgerf atgerd.

A：Da beldedmef salbit, dettal hhepsif atyouz mux hel jif laoz.

B：Zaox laoz, ngel dix bal hhepsif bet zidjia, merz sif no qieil mux, sif leil dettal jiaxgerd mux.

A：Bal bettal werpsif ssvt fv gua, zex me'bad het zeit jiert me'zi werp.

B：Dettal zil fv atgerd, qieixbif, yuipzv'bif, suitbif, leidleidzi zex. Qieixbif wu zex daot le gal zuaf. Merfsuit leil zex he no, lad no, huof no. Didzil beldedmef nidgerf huox werpsif zei'bit nial werp qioul.

A：Beldedmef did zex berf mipzit, dettal zex qilyouz-berse no caotzix, xielqieixzix.

B：Vepjuil zei zex cix, cafjiao, balyuip, saxgaofbat, yuipgui det xief.

A：Bal bettal ssvt suatbad zil sualsuftip nil sui'zaz.

B：Suatbad zil ngal ssvt guoz mux laoz, nial dettal ssvt jilsualqil nil dieilnaot laoz.

A：Bettal dieilnaot mux, leidleidzi niou zil xiout nil zil beit, muxzil nei fv gua ji tel yef.

B：Bettal kuol leil xioux, didzex yuitvep nil sualsuf.

A: Deltal zex yuitvep, sulxiaof, yeyuit, dillit, lifsiz, zilssap, hualxiaof, vvflit, kuol jif, hhep de huovvx leil jif, didzil kaotsil saofkux de dierl.

B: Bal bettal did hhep pia xiaozxiaof, zu'xiaof, dettal nial niou hhep pia dalxiaof, suofsil nil baofsil leil feix jif.

A: Zaox laoz, pia sal kuol zidjia laoz, nial bei jiaolsif het kex.

二、生词

jiasi	家什,工具	yuipgui	圆规
hhepsifzi	读书郎,学生	suatbad	算盘
jiax	这样,这些	sualsuf	算术
cerl	声(音);轻	tip	(考)题,题(目)
svlzv'nivx	小孩子	zaz	帐(目);丈
fvfwei(weiyef)	因为,由于	sui'zaz	算账
da	搭,和	jilsualqil	计算器
salbit	相比	Dieilnaot(dilnaot)	电脑
me'bad	墨盘	xiout(yout)	诵(读),咏
jiert	…着;剃(头)	beit	背(诵);摆;倍;辈(分)
me'zi	墨汁	yuitvep	语文
qieixbif	铅笔	sulxiaof	数学
yuipzv'bif	圆珠笔	yeyuit	英语
suitbif	钢笔,水笔	dillit	地理
merfsuit	墨水	zilssap	自然
didzil	只是,但是	hualxiaof	化学
zei'bit	比	vvflit	物理;乖,懂事
berf	白(近现代汉语借词);百(同前);裂(开)	kaotsil	考试
mipzit	棉纸	saofkux	辛苦,累
qilyouz-berse	各种各样	xiaozxiaof	小学
caotzix	纸,草纸	zu'xiaof	中学

续表

xielqieixzix	信笺纸	dalxiaof	大学
vepjuil	文具	suofsil	硕士
cix	尺子	baofsil	博士
cafjiao	擦胶,橡皮	jiaolsif	教室
balyuip	半圆	kex	…起,起(身)
saxgaofbat	三角板		

三、语法注解：白语的量词

量词（classifier, measure word）又称单位词、数位词或单位名词，是语言中表示度量单位的词。一般认为，量词是汉藏语系语言具有特征性的一个词类，但在藏缅语中，量词的发展则很不平衡。其中，白语是量词较为发达的一种语言。

白语量词可以分为两大类，即名量词和动量词。

（一）名量词

白语中，名量词数量最多，也最为发达。白语的名量词和其他藏缅语一样，位置都在名词之后。按其意义和功能，又可以分为度量量词、个体量词、集合量词三类。

1. 度量量词就是表示容积、面积、长度、重量等单位的词。如：

表示长度：leix（里）　　cix（尺）　　　　quit（寸）　　tuot（拃）

表示重量：jieif（斤）　　nouz（两）　　　qieip（钱）

表示容积：dex（斗）　　sef（升）　　　　nvx（筐）　　def（箩）

表示面积：svl（双）　　gou/gv（脚、角）　mut（亩）　　da（赕、片）

2. 个体量词种类很多，是白语量词中最发达的部分。举例如下：

泛用量词，用途较广，许多名词都可与其结合。如：leid（个）。

类别量词，表示事物的类别，如：nid（个、人，表示人）、leid（个，表示无生命的物体）、ded（个、头、只，表示动物）等。白语中，类别量词占很大比例。常见的类别量词还有 kuox（颗）、ni（夭）、gerf（间）、duox（朵）、get（辆）等。

性状量词，量词带有规定名物特征的色彩，根据名词的不同性状，加上不同的量词后，名物的内容更为具体。因此，这类量词通常也只能修饰特定的一些名词。如：niez（条、根）、kuil/ duerf（坨、块、团）、pit（片）、dou（滴）、kuox（颗、粒）、zouf（张）等。白语中有一些特别强调人的形象的量词也属于这一类，这些量词中有的原来是用来表示事物的，如：kuil（有点憨笨的人），dou（个子矮小的人），tvl（高大壮实的人），niez（很瘦的人）等。

3. 集合量词，表示数量是二或比二更大，表双数的如：svl（双）、zad（对）、duiz（对）、ker（对）、jix（双，专指鞋）等。

白语中用来指不确定复数的量词如：huox 或 dier（指人）、ya 或 quit（指物）。其中，huox 意义和用法接近汉语的"们"。ya 或 quit 意义也接近汉语的"些"。但汉语的"些"不能跟在名词后，且必须和数词"一"连用。白语的 ya 或 quit 则同 huox 一样跟在名词之后，且不用数词。可见，ya 和 huox 的用法与汉语的"们"类似，虽然词性为量词，但同时也作为一种构词成分，起名词后缀的作用。

（二）动量词

动量词是表示动作量度的词。和其他藏缅语不同，白语动量词的位置在动词之后，可能是受汉语影响的结果。如：

| der at gert | 打一下 | ye at duiz | 吃一顿 | sua gal jiad | 说几次 |
| 打 一 下 | | 吃 一 顿 | | 说 几 次 | |

（三）白语量词的语音特征

音节结构上看，白语量词可以分为三种类型，即单音节型、反响型和复合型。

单音节型。白语中大部分量词为单音节，且和所修饰的名词没有语音上的联系。在特指确定的一种事物或者事物的数量为一时，名词和量词之间不用数词"一"连接。此时名词和量词形成一个双音节的名+量结构。

反响型。白语中一部分量词与单音节名词或双音节名词的后一音节相同，也有少数量词与双音节名词的前一个音节相同。如：

zet zet　（一棵）树　　　　　bex bex　（一个）湖

gaod gaod　（一个）海　　　kvt kvt　（一床）被窝

jit jit　（一块）地　　　　　kaot kaot　（一条）沟

ni'pit pit　太阳　　　　　　　bifsif sif　（一阵）风
jitdat dat　（一片）田野　　　nidgerf nid　（一个）人

复合型。这类量词主要由白语中一些双音节名词来充当。名词在受复合型量词修饰且数量为一时，名词和量词之间的数词"一"不能省略。如：

meix at tillaol　一箩米　　　　qieil at yeinud　一袋钱
米　一　提箩　　　　　　　　钱　一　烟袋

（四）白语的"名+量"结构

汉藏语中，名量词单独伴随名词的现象较为常见，但各有特点。如汉语的"马匹""车辆"等类似结构通常用作泛指，表示集合名词。壮语中该类结构则表示"一"的的数量意义。白语中的"名+量"结构则代表了量词的一种新的发展方向。该结构中的量词，既有计量作用，又包含数词"一"的意义，而且兼有一定的指示作用。可见，量词除本身的计量作用外，还衍生了指示作用和类别作用，这一结构的极大发展是白语量词功能扩展的表现。

从另一个方面看，量词的词缀化也是白语词汇双音节化的一种重要形式，双音节化可能是白语量词发生上述变化的内在动力。

按名词和量词结合紧密程度的差异，可以将这一结构分为三个类型：

（1）个别名词和量词已结合在一起，量词已完全发展为名词的词缀。

如白语 ni'pit（太阳）一词，系由名词词根和词缀化的量词结合而成。类似的例子还有 bifsif（风），sif 同样是已经词缀化的量词。因此，它们仍需用量词加以修饰，如 ni'pit pit, bifsif sif（一阵风）等。

（2）名词和量词结合较为紧密，名词一般不脱离量词独立存在，量词事实上起名词后缀的作用。这类结合较为紧密的名+量结构如：cer jia（车）、jierf mef（钉子）、huof duox（花）等。在此类名+量结构中，由于一些量词只能与特定的名词结合，因此，在具体的语言环境中，量词还起到限定名词意义、区别同音词的作用。如：

laod（虎、筛子）：laod 一般语境下指老虎，laod seiz 指筛子。
sif（字、信、书）：sif zit 为字，sif cuer 为书，sif fvf 为信。

（3）量词能修饰不同的名词，和名词之间的结合关系较为松散。如所有的类别量词以及绝大多数的性状量词。这些量词也可以和名词构成名+量结构，但名词和量词之间结合关系不紧密。如：laod ded（一只）老虎。

四、每课一谚

> Daot yeid niou ssvt daot bif pel,
> 大　船　要　用　大　风　吹
> seit huof niou ssvt seit zif qier.
> 小　花　要　用　小　针　绣
>
> 汉语意义：大船要用大风吹，小花要用小针绣。
> 注释：比喻要视具体情况采取不同的工作方法，不能盲目乱干。

五、练习

1. 熟读生词。
2. 熟读课文，并翻译为汉语。
3. 听写生词中的基本词汇。

第十九课　泥鳅调（鱼调）[①]

Deitzipjiex kuol　　Vv diou（Ngvf diou）

一、课文

Seit qierlngvf ded gerf de gerf,
zex laoz jierpdef mux xuixjierx,
zex laoz xuixjierx mux jierpdef,
zoud hel cux gaof erx. [②]

Jietjiet zoud zil ngouz zv duox,
youf qi yef zil zuof bal ger,
ga ngaot ger ni ngvfdef het,
herl beid laoz herl cuer.

Ga ngaot beit geif zix xifhet,
ni'pit ga ngel weix haot cer,
zexqieilzi ded merz hel zid,
guaf guaf no cuer cuer.

Bel baof ded zaop niou zil zeif,
bel yaoz ded zaop niou zil er,
ga ngaot beit zoux zerfzi no,
nil qierx laoz ngaot qierx.

[①] 本课文根据白族歌唱家杨洪英原唱《鱼调》（收入大理州文化局编《白族乡音》第四辑）记录改写。

[②] cux（草），有时又唱为 zux（藻）。

·97·

Ngvfded ngvfgerd bal ye hel,
ngvfqit ngvfger liou tel erx,
almil bei def daf ngvfqit,
douf kex (dei qi) kuax salder.

Ger ngaot bet ded cer'dildioup,
ged ngaot bet ded baot gaser,
cei daotwat ded kuix daotzaz,
herlkou guoz ni'xier.

二、生词

vv	泥鳅;焖(饭);孵(小鸡)	haot	房子;晒
diou	调(子);吊;钓	cer	红,赤;车
qierlngvf	青鱼	guaf	(刀)刮;裤子;官
jierpdef	地盘,宅基地	baof	包(起);丈夫;(烧)包,(金银)包
jierx	井	zeif	煎;搅(拌)
cux	草;炒(菜);就	zerfzi	桌子
zux	(水)藻;早	qit	刺(名词);装(进)
gaof	枝(量词);阁;糕;高(明);鱼鹰	almil	猫
jiet	紧,忙	dei	带(领);(树)根;结,打结;待(客)
ngouz	饿	der	打
zv	…(得)住;竹	cer'dildioup	赤身裸体,光身子;一无所有
youf	游(水);容(许),允许	gaser	乞丐
zuof	着(打),被(打);(用)着	cei	拉(网);转(磨盘);发(羊癫疯);猜;把("锯子"的量词)
ngvfdef	鱼篓,鱼笼	wat	网
cuer	册(书);涮(洗),(洗)漱	kuix	亏(帐);呕吐
ni'pit(mi'pit)	太阳,日头		

三、课文相关知识

主要流行于剑川的《泥鳅调》属于较古老的小调类白族民歌，有"白曲之祖"的美誉。全曲高吟低唱，起伏跌宕，再贯穿以紧迫急促的三弦伴奏，充分表现了旧社会白族穷苦群众对压迫者的愤懑和诅咒。在白族地区家喻户晓，深入人心。尤其是云南省大理白族自治州剑川县白族老艺人张明德先生弹唱的《泥鳅调》，最为知名。

本文是《泥鳅调》的大理版本，名字实为《鱼调》，其唱词、唱腔与剑川版大体一致，主要的区别是大理版本一般为6段，剑川版本一般为4段。

四、语法注解：格标记

白语中有格标记，但类型较少，主要有宾格、领属格、位格三类，主要标记形式 no、vvt、mel、mef 等。以往一般统称为结构助词。

（一）宾格标记

当宾语的位置在动词之后时，一般可以不加宾格标记。但宾语的位置在动词之前时，宾格标记则是必需的。主要的标记是 no、mel 两个。如下：

Naot sua bel mel cerl. 你要告诉他一声。
　你　说　他 宾格 声

Naot sua bel no cerl. 你要批评他一下。
　你　说　他 宾格 声

Naot bel no niou der. 或 Bel no naot niou der.
　你　他 宾格 不要 打　　他 宾格 你 不要 打
你不要打他。

（二）领属格标记

主要的领属格标记是 no、vvt 两个。如下：
Haot det gerf zex bel　gao　vvt. 这所房子是他哥哥的。
房子 这　间　是 他的 哥哥 领属

Beldedmef jit det da zex bal haotdvf no. 从前这一坝子田都是他家的。
从前　　田 这 坝 是 他们 家里 领属

（三）位格标记

位格标记主要有 no、mel、mef 三个。也有意见认为可处理为处所标记。mel、mef 为同一个标记的变体形式。如下：

Gud sex gou no zex zet zet. 桥边上有棵树。
桥　座　脚　处所　有　树　棵

Ngel maox guozjia-guozwa niou bei seifsid mel jie'xiouf.
我的母亲　过节过　月　要　去　山神　处所　敬　香
我妈过年节的时候要去山神那里敬香。

五、每课一谚

> Zil cal　hel　zil hhep de zil,
> 做 差　体貌　则 学　得 做
> zil qioul hel　zil de de zil.
> 做　好　体貌　则 得 着 做
>
> 汉语意义：
> 事情（即使）做错了，也会学到经验；
> 事情（要是）做好了，那就做出成绩。
> 注释：意思是只要做，都会有收获，不做则一事无成。

六、练习

1. 熟读生词。
2. 熟读课文，并翻译为汉语。
3. 听写生词中的基本词汇。
4. 背诵并学唱课文。

第二十课 天 气

Deitneidzip kuol　Heiljit hux hei

一、课文

A：Zerdserxni yaozhet oup hel vvxxi xi.

B：Zerdserxni atni'zi heilmaox cex, beixgerz heilmerd-daotter, lajitweix, oup vvxxi, feix gerf nidgerf.

A：Gerlni cerxhe oup se hel, xierl qi yef laoz, zei cv qi gouz ded.

B：Nihet heiljit laf, ni'pit feix yit, zil haot sit.

A：Oup vvxxi hel cv ni'pit zil zef de dierl le.

B：Zaox laoz, cv ngad laoz, nial zoud geif xilxit cvt.

A：Nial Dallit jiaxya no heiljit xioux. Nial detweix atsua'zi feix hhetni leil mux, laozsi gef leil mux.

B：Zaox laoz, dvfwa leil did zex telsoul wal ni, oupsui zidjia xioux.

A：Seit zidjia bettal zil dvfwa leil desoul, dettal zil soul leil guiz laoz.

B：Zaox, dettal zei'bit seit zidjia bettal weifwod laoz.

A：Del gal sua heilgaf.

B：Nial alda dvfwa nil zerfwa heilgaf, qi'biawa vvxxi jif. Guxdoud sua zaop: zerfwa oupsui, ngvdkuax ye berpmeix. Qiwa-zipxi gaod pex xuix.

A：Svz no biax zex zitvvd zaofbiaox?

B：Biaox, biax zex vvd ya.

A：Hal vvd hal qi oup vvxxi daox nil mux?

B：Daox le. Guxdoud sua, vvd ngerd be, haot mifsaod; vvd ngerd nad, oup vvxxi.

A: Bifsif nil?

B: Guxdoud sua: be'bif jia nadbif, salxier-salyaoz oup bet se.

A: Zei zex hatya sitvvx hal qi daox heiljit hux nil hei?

B: Guxdoud zei sua, bidbed badjiaf, cvmeid dei saz. Geif haot yeicilkvl, merlni heiljit qioul.

A: Sua qioul le, sifzeil zex jiaxleid le merf!

二、生词

atni'zi	一整天	guiz	消失,不见;(吃)坏;桂(花)
cex	(天)阴;丑;(小孩)顽劣;说丑话,骂人	del	这(后跟复数数量词组)
heilmerd-daotter	打雷	heilgaf	天干,干旱
lajitweix	闪电,打闪	Qiwa-zipxi	七月十四(中元节)
se	停止;放(下);擦拭	pex	(水)冲,泛滥,发(洪水)
xierl	星;雨过天晴	biax	那样,那些
gouz	虹;(山)谷	vvd	云,疯;捞
laf	(天)晴;揭(开)	zitvvd(medgaoz)	雾,雾气
yit	(锋)利,(锐)利	ngerd	行,走;(大)牙;岩,崖
sit	痛,疼;试;事(情)	hei	害(人);害,坏,不好
zef	蒸;闷热;争(斗);州(县)	bidbed	蚂蚁
ngad(ad)	汗	bad	搬;味道,气味;盆
xilxit	阴凉	jiaf	家(近代借词读音)
dvfwa	冬月,冬天	badjiaf	搬家
jiaxya	这样,这么	saz	伞;散(开);上(税)
soul	霜;冰;桑(树)	yeicilkvl	翅膀
sui	雪;(计)算	sifzeil	实在,真的
merl(merf)	发语词;呢,嚜,啊(句末语气词)		

三、语法注解：白语的介词

白语的介词都是前置词，位置在名词、代词或修饰词组前面。介词不能单独作句子成分，它需要跟名词、代词或修饰词组结合，组成介词短语，在句中一般作状语，有时还可以用作补语，分别表示原因、时间、处所、方式、条件、对象等。介词通常是由动词虚化而来的，动词经语法化后具有介词功能。

白语中的介词主要有 ga "把，将"、zuof "被"、yap "由、从"、svt "沿、顺"、wei "为"、bit "比"、zex "在"、gez "给"、sset "让" 等。其中，zex "在"、gez "给"、sset "让" 等都是由相应的动词虚化而成。

介词用法如下面各例：

Baot ga bel jiap ded der kou haol.　他把小伙伴打哭了。
他　把他的伴　个　打　哭 体貌

Ngaot zuof bal kuax ded nga de juix.　我被他们的狗咬了一口。
我　　着他们狗　只　咬　得　嘴

Zex jiax nid yap svz no bei tel.　有一个人从山上下来。
有 这样 人 从 山 上 走 下

Ngaot wei bel no sou zui.　我为他受罪。
我　　为 他 宾格 受 罪

Ngaot bit baot seit.　我比他小。
我　　比 他　小

Baot zex ye het gafsif.　他在村里教书。
他　在 村 里 教 书

Naot ga sif cuer nei get baot.　你把书拿给他。
你　把 书 册　拿 给 他

Gez baot niou sua sa.　让他别说了。
给　 他　不要 说 语气

Sset baot xiafxiafzi.　让他休息一下。
让　 他　闲闲

四、每课一谚

> Seit kuax zi no niou bet sei
> 小 狗 子宾格要 不 惜
> daot zil baot nga nel gou zei。
> 大 则 它 咬你的 脚 节
>
> 汉语意义：小狗莫溺爱，长大会咬你。
> 注释：意思是不要娇惯小孩，否则长大后会让父母后悔莫及。

五、练习

1. 熟读生词。
2. 熟读课文，并翻译为汉语。
3. 听写生词中的基本词汇。
4. 用白语简单描述上课当天的天气情况。

第二十一课　打电话

Deitneidyi kuol　Der dieilhual

一、课文

A：Weiz!

B：Weiz!

A：Nil zex hatnid?

B：Ngaot zex A'pep bel nei.

A：Bier nil cerl, A'pep bel gao ded zex haotdvf nil mux?

B：Ngel dedbaod zvx, qierl bet zif, nil cerlqi daot atdierlzi.

A：Atnei, det jiad qierl zif daox laoz mux?

B：Qierl zif laoz, nil zex hatnid?

A：Ngaot zex A'lup, ngal haotdvf zex Zilzerd no.

B：Nil yid hatnid?

A：Ngaot yid A'pep bel gao. Nil dad ngel baod gvf bel mel cerl.

B：Nil zex A'pep jiapweix nil biaox?

A：Biaox, ngaot da bel gao no zex at hhep zil zuozsex.

B：Naot yid baot zil hatleid?

A：Ngaot zaop yaof baot atwa'ni bei Cualnud zuiz.

B：Baot haotdvf mux merl, baot da bel dix no bei nvdzix no zilzix ngerd haol, merz cvthaot no zex, gv'zi nil wadded, bei dazyef gerf meix naf.

A：Gerf niou, merlni ngaot zei der get baot daox laoz.

B：Muxzil ngaot sset baot der yaz gez nil yaod?

A：Leil derx le. Ngel dieilhual haolmat baot ssexde le.

B: Nil zei sua cil bel mel doud cerl naf mux?

A: Mux laoz, nafweif nil naf.

B: Nerl bei zef haotdvf xiaf meid.

A: Zaox, belhhex bei ni yef xiaf. Nerl nil leil cilkoul get herlsi.

B: Nafweif naot, jiaxleid zil ngaot sua se laoz, zei salgeiz yaod.

A: Zaox, atnei zeiljieil!

二、生词

dieilhual(dilhual)	电话	zilzix	赶街,赶集
weiz	喂;喂(食);磨(盘);磨(面)	haol	…了;…掉了(体貌标记)
dedbaod zvx	耳背	cvthaot	盖房,建房
zif	真(实);针;增(加);踪迹,痕迹;位置;支(起)	gv'zi	椽子
cerlqi	声音,声气	wadded	梁
atdierlzi	一点儿	daz	(走)回
jiad	(一)次,(一)回	yaz	(走)回;呀
A'lup	阿龙	daz(yaz)yef	回来
yid	寻找;找(补);镰(刀)	muxzil	要不,不然
dad	代,帮;弹(琴);燀,煨(药);点(火);桃子	sset	让,使;赠送;忍
dad…baod	帮某人忙	derx	得,可以
yaof	邀,约;(起)来了	haolmat	号码
Cualnud	双廊(大理市白语地名)	meid	嘛,吧
zuiz	转,旋转;趟,转(量词)	yaod	吧(征询语气);片,叶;件(衣服)
merl	啊(否定词后)	zeiljieil	再见(近现代汉语借词)
nvdzix	龙街		

三、语法注解：语气助词

白语中语气助词十分丰富。大体可以分为以下五大类。

（一）陈述语气助词

1. 表示肯定判断的陈述语气词 le：
Ngaot leil bei le. 我也要去的。　Baot zex vvxsit le. 他有本事的。
我　也 去 语气　　　　　　他　有 本事 语气
2. 表示否定的陈述语气词 sa 和 hao：
Ngaot ye mux sa. 我不吃了。　Bal haotdvf nidgerf mux sa. 他们家里没人。
我　吃 不 语气　　　　　　他们家里　人家　没有 语气
Baot bei zid mux hao. 他没有去了。
他　走 去 没有 语气

（二）疑问语气助词

疑问语气助词主要是 nil，如：
Nel gao ded nil? 你哥哥呢？　Det leid nil? 这个呢？
你的哥 个　语气　　　　　这　个 语气

（三）感叹语气助词

感叹语气助词主要有 naf、merl、vaz 等，如：
Baot did zip sua naf! 她才十岁呢!
她　只有 十 岁 语气
Baot doud leil mux merl! 他话也不说啊!
他　话　也 没有 语气
Bet nid zex seifnid le vaz! 那是一位仙人啊!
那　人 是 仙人 语气 语气

（四）测断语气助词

测断语气助词主要有 houz、zep 等，如：
Bet nid hhex yei mux houz? 他不抽烟吧？
那　人 喝　烟 不 语气

Sif det cuer zex neid kuit zep.　这本书 20 块钱左右吧。
书 这　册　有 二十块　语气

（五）祈使语气助词

祈使语气助词有 naf、meid、le、wof、yaod 等，如：
Naot niou qioulxif zil naf!　你要好好做啊！
你　要　好好　做 语气
Nil sua cerl meid!　您说句话嘛！
您 说 声 语气
Naot ngerdjiet dier le!　你赶紧点了！
你　赶紧　点 语气
Nil nei ngaot　ga　hal wof.　您拿给我看一看吧。
您 拿 我　体貌　看 语气
Ssvtxif werpsif yaod.　用心写字啊。
用心　写字　语气

四、每课一谚

Juixweix cer nid xil berp,
嘴眼　　赤 人 心 白
mux liafxief nid zerd bert.
无　 良心 人 成 病

汉语意义：脸红的人心肠好，没良心者爱生病。
注释：白族以白为美，此处意为"清白"，"心白"指人的良心好。

五、练习

1. 熟读生词。
2. 熟读课文，并翻译为汉语。
3. 听写生词中的基本词汇。
4. 两位同学模拟打电话的场景，用白语简单对话。

第二十二课　购物

Deitneidnei kuol　Merz huovvx

一、课文

A: Nil bei yef zilzix nil biaox?

B: Zaox laoz, xiat merz no huovvx gal(wal) qiert.

A: Nil xiat merz hatya huovvx? Det baod no ged de piaot, letbaot, xiaozmaol, yifguaf, ngeid, vafzit, belda bet baod ged de saofdaod, zaodsei, zixxuix, nil dafnidzi kualxif doup.

B: Zaodsei jilxioux at jieif?

A: Alda det zuaf salzip kuit at jieif. Belda bet zuaf zex hux zaodsei, zip kuit at nouz.

B: Gerzdaot le merl, pilyi dier ged nil mux?

A: Daox le, jiex kuit at nouz, nil nioux jilxioux?

B: Quil bel no ngvxzip kuit gerz.

A: Nil zei niou hatleid naf mux?

B: Yif det koul nil nei ngaot halhalzi.

A: Nil sit ga yiz, det koul zil gerf yiz haof nil no le. Bel serf det youz nil did xituaf mux zil, alda zei zex huof no, he no, lad no nil ngvd no.

B: Betdaot-betseit jiafhaof, betxiaof mex laoz. Nil suisui'zi, hal jilxioux qieil?

A: Zaodsei ngvxzip kuit, yif koul fv'zip, daphuot yifberfyif.

B: Ngaot nei nil gouxber.

A: Jiaxleid zil gaothei de dierl naf, gerlni didmel kelzaf, catqieil luf mux, bux nil bux keil duox.

B：Gerf niou, ngaot yidyidzi, ngel alda zex zip kuit le, ngaot nei nil yifberfyif daox laoz.

A：Nafweif nil laoz. Beif nil kualle bei, belhhex merz hatleid nerl nil zei bei def.

B：Zaox, beif nil zaohu.

二、生词

zix	街,集市;酒;纸	did	只,要是,如果
merz	买	huof	红(色);花(朵)
qiert	件(事,东西);青(草);警觉探听	he	黑;恨
belda(bulda)	那里	ngvd	黄;炒(豆)
piaot	布	jiafhaof	恰好,刚好,正好
letbaot	被子	betxiaof	不消,不用
xiaozmaol	(小)帽,帽子	mex	换,交换
yifguaf	衣裤,衣服	qieil	钱
ngeid	鞋子	daphuot	搭伙,一起,总共
vafzit	袜子	jiaxleid	这样
saofdaod	砂糖	gaot	搞,做
zaod	茶;…去了	gaothei	对不住,难堪
zaodsei	茶叶	didmel(meldid)	刚刚,(刚)才
zixxuix	酒水	kelzaf	开张
doup	挑(选)	cat	零(用),零(食),零(钱)
kuit	元,块(钱);(身材)壮实	catqieil	零钱
nouz	(斤)两;依赖,依靠	luf	够,足够;(汉)六
zuaf	桩,件,种(量词);(树)桩;装(扮)	keil	开(花),…开
gerz	价(钱);镜(子);敬(奉)	nafweif	难为,感谢
gerzdaot	贵	beif(beifzil)	那,那就
pilyi	便宜	kualle(kualxif)	慢,不急,宽心地

续表

dier(dierl)	点(儿),(一)点	def(zef)	(拿)来
quil	称(重);秤	zaohu	招呼,小心
serf	(颜)色;生(一种白族特色菜)		

三、语法注解：白语动词的类别

动词可以根据其语法意义、语义特征及其在句子中的结构特点有多种不同的分类。

（一）动词的语法意义分类

根据词汇的语法意义，可以将动词分为动作行为动词、趋向动词、心理动词、存现动词、判断动词、能愿动词等大类。

1. 动作行为动词，如：

kel 开　　　　ka 盖（上）　　mud 逃　　　　der 打
sux 扫（地）　kua 摘　　　　kei, nei 拿　　baox 簸
dap 踩，踏　　ser 割　　　　maf 推　　　　mad 拔
neif 捏　　　　weiz 喂　　　ye 吃

2. 趋向动词，如：

zoux 上（山）　tel 下（车，京）　ngerd 去　　yef 来
yaz 回　　　　cv yef 出来　　　yaz yef 回来

3. 心理动词，如：

zoufxif 羡慕　　jifgal 嫉妒　　xiat 想　　　mix 想念
he 恨　　　　　cit 讨厌，厌恶　gerf 害怕　　guod 疼爱
xithuaf 喜欢　　yeix 敢　　　　yuix 不敢

4. 存现动词，如：

zex 在　　　　mux 没有　　　biz 变　　　lat 腐烂

5. 判断动词，如：zex 是

6. 能愿动词，如：

daox (derx) 可以　　duox 不行、不可以　　yuiyi 愿意

（二）动词的语义特征分类

根据动词的语义特征，可以分为自主动词和非自主动词两类。

1. 自主动词包括动作行为动词和趋向动词。如：

werp 写（字）　　hua 画（画）　　hal 看　　　　der 打
seix 洗　　　　　soux 送　　　　xia 杀　　　 bei 走

2. 非自主动词包括心理动词、存现动词、判断动词和能愿动词。如：

zex 有，在　　　gerf 害怕　　　ged 流
mux 没有　　　　zex 是

（三）动词的句法结构特征分类

根据动词的句法结构特征，动词可以分为及物动词和不及物动词两类。

1. 及物动词可以直接带宾语，包括大部分动作行为动词、趋向动词、心理动词、存在动词和判断动词，如：

zou 砍　　　　　dat 偷　　　　　yid 找　　　　bier 问
ssex 认识　　　　hhex 喝　　　　ger 捉　　　　jid 唱（曲）

2. 不及物动词不能直接带宾语，包括部分动作行为动词、存现动词和能愿动词，如：

zuiz 转　　　　　mud 逃　　　　merd 鸣　　　guof 生长

四、每课一谚

Berf ged no xuix zil zex，
白　流　的　水 话题 有
berf ged no ngad zex mux.
白　流　的　汗 话题 无

汉语意义：只有白淌的水，没有白淌的汗。寓意付出一定会有收获。

五、练习

1. 熟读生词。
2. 熟读课文，并翻译为汉语。

3. 听写生词中的基本词汇。

4. 两位同学模拟买东西的场景,用白语简单对话。

5. 把以下句子翻译成白语。

(1) 今天打雷、下雨,还刮风。

(2) 我们大理不热也不冷。

(3) 现在比小时候暖和。

(4) 夜里下霜了。

(5) 这几年干旱。

第二十三课 小心肝（白族民歌）[1]

Deitneidsal kuol　Xifgafpia

一、课文

Xifgafpia,
naot leil pia cvt ngaot leil pia,
naot leil ngerd cvt ngaot leil ngerd,
geizxuid sal sua xia.

Naot leil ngerd cvt til ngel mierf,
ngaot leil ngerd cvt mix nel duaz,[2]
gerlni gouxtei salyui hel,
nial zil at duiz yaz.

Xifgafpia,
at sua leil zex zipnei wa,
at ni leil zex zipnei zid,
zidzid mix nel duaz.

Bif pel zixwap mel zoux heil,

---

[1] 本课文根据段顺媛、施珍华原唱《石宝山情歌对唱》（收入大理州文化局编《白族乡音》第一辑）记录。原唱用剑川方言，本课文改写为大理方言，唱词根据方言差别和押韵原则作了较多改动。

[2] 白族民歌除押韵外，还讲究押调。本首民歌押中平调。因此，duaz 在唱的过程中一般要唱成 dua。下文 yaz 也同此。

vvx oup meldid huof keil wa,
gerlni gouxtei yui saljit,
bei keil doud niou sua.

Xifgafpia,
fex cuix sif lit guilhua xia,
zilfvl cul de huof bad xiouf,
niou ngerd ga huof nga. ①

Zilfvl ngerd cvt huof leil seif,
wa leil ngerd cvt xierl leil lia,
gerdyoudhhex peil sualdad huof,
berfmat peil jie'a.

Xifgafpia,
salguod zip sua nil ngvx sua?
salguod zip sua zil bet luf,
salguod atber sua.

Nial dedmaf berp laoz meldid yif,
zi'ba duap hel mel zei sua,
gux zil ngerd duox bei duox leil,
zex jixzoux sal'ax.

二、生词

geizxuid	好像	lia	亮
til	提(水),提(起)	gerdyoudhhex	垂杨柳
duaz	宾格标记	peil	配,搭配;撕(扯)
salyui	相遇	sualdad	酸桃

① 此处 nga "咬" 还有另一个版本,记为 ax "看",意义也通。

续表

zixwap	纸鸢,风筝	berfmat	白马(近现代汉语借词)
saljit	相近,(走)拢	jie'a	金鞍(近现代汉语借词)
zilfvl	蜜蜂	salguod	相好,相合
cul	闻,嗅;粗	jixzoux	拐杖
nga	咬	sal'ax	对视

三、语法注解：判断动词和助动词

（一）判断动词

判断动词又称系词，是判断句中把名词性谓语与主语联系起来的词。白语各方言中判断动词的形式大体一致，即 zex。Zex 还有"有""在"的意义，在作系词"是"用时，不能单独作谓语，但大多数名词、代词或名词性词组必须同它结合才能作谓语。如：

Ngaot zex berpzi.　我是白族人。
我　是　白子

Xuix det geiz zex gef no.　这碗水是冷的。
水　这　碗　是　冷　的

Baot zex ngel gao.　他是我哥。
他　是　我　哥

（二）助动词

包含能愿动词和情态动词两类，表示动作的可能或不可能，或者是主观判断下的愿意不愿意、敢与不敢等情态意义。

白语各方言的助动词多数保持了白语的固有形式，但一些方言中也有受汉语影响的形式。大理白语绝大多数都已使用和汉语相同的分析形式，只有个别的例子还保留了白语固有的通过语音屈折表示否定意义的表达形式。如下：

Ngaot zil yuix.　我不敢做。
我　做不敢

Ngaot zil qioul daox.　我能做。
我　做　好　能

Ngaot zil qioul duox. 我不能做。
我　做　好　不能

另从语序上看，借自近现代汉语的助动词一般位于主要动词之前，而白语固有的助动词位置在主要动词之后。如下：

我不想吃。Ngaot xiat ye mux.　　Ngaot ye bet sif.
　　　　　我　想　吃　不　　　我　吃　不　想
我敢做。　Ngaot gat zil.　　　　ngaot zil yeix.
　　　　　我　敢　做　　　　　我　做　敢

四、每课一谚

Zilguaf buf jif ler ber dat,
做官　不及　瞥百甸
sexhaot buf jif cv duixmeid.
守家　　不及 出 远 门

汉语意义：做官不如游四方，守家不如出远门。
注释：意为人只有走到外面，才能开阔眼界，增长见识，窝在家里没有出息。

五、练习

1. 熟读生词。
2. 将课文翻译为汉语。
3. 背诵课文。
4. 学唱该首民歌。

第二十四课 生产生活用品（会话）

Deitneidxi kuol Gassvt-ga'der no jiasi

一、课文

A: Nial haotdvf gassvt-ga'der no jiasi zex atgerd, nial za'za'zi yef.

B: Nial yap zil ye calbeix jiasi no za ke. Zuozfaf het zex zuoz kuol, guof beid, weid leid, guofcax leid, berxjiz miz, cuax herlpa yifdaf zix, ssvt zil zap herlsit, zef herlsit, cux herlpa, zvx cet. Zei zex huixbad, saxjiaof, zaodgud, ssvt zaodgud derp suaf xuix, hua'xuix qit ni suithup derp het. Zaodjuif ssvt baot dad hhex zaod. Laofguof, tuxmed ssvt zil vv herlsit, dui ye gua'ded, niaoz gerd. Beldedmef zil ye calbeix niou sulxil-zoufhuix, dadhuix niou ssvt yapfafzuf. Dettal zalgerdzi zil ye calbeix leil ssvt dieil laoz. Ye calbeix zidjia, niou tul zerfzi-bazdel, geizngerx, ba, zvt, papzi, gef herlsit ssvt gerxsaof, gef herlpa ssvt mifzoup, gef bif nil lafzitmiz ssvt tiaopge. Hhex zaod hhex zix zil nei zixgud derp, zixzvf, zaodzvf beid naf.

A: Zil zuozsex niou ssvt hatya jiasi?

B: Biax zil jif laoz. Zou jit niou ssvt jilguil get, dv jit niou ssvt zvd seiz, ser cux ser guod niou ssvt hazyid pit, der guod der det niou ssvt jitgerf, youd si niou ssvt baoxmeixjif, lud me niou ssvt laod seiz. Zou xif niou ssvt yifdafmaox, nef zet niou ssvt bex cvt. Zil ngvjiouz niou ssvt tuil ded, fvt cei, der zoupkuil niou ssvt diefcuil. Sux jitwerf niou ssvt zui gvt, kvl beid, til xuix niou ssvt tvt leid, daf huovvx niou ssvt dazbif zaoz, yerz huovvx niou ssvt def, nvx, dezlaof pierl, zouf huovvx niou ssvt ga gerf, tuxsid, xiaf derp, gvt gerf. Zeid yif, qier huof niou ssvt jizdaf, haofhex, seiz nil zif.

A：Cerxke beixgerz ssvt zuof hatya?

B：Zuxcerxke yadhe, nei yapsuaf yapgao cvl zi'ba, nei setjif be zex bad leid het seix juixweix. Beixgerz seix cilkoul, muxzil nei seixgou'bad seix gou, mel cerx zoux zoud zouf(pul pul)no. Zoud zouf no zex gaozjit, put sei, zeiftiaol, tatzi, dilda, letbaot, zixded. Beldedmef beixgerz niou geit yeddef nil yaplaf, dettal zil zalgerd ssvt dilde laoz.

A：Beljiap zei zex hatya naf mux?

B：Dettal nerl zei zex dieilhual, dieilsil nil dieilnaot, nial betxiaof cvmeid, leil leidleidzi ssexde.

A：Dettal qilyouz-berse no jiasi det gerd zil, zil zuozsex nil guoz ni'xier leil le'le ci'pix laoz.

二、生词

gassvt-ga'der	用,使用	lud	滤洗,涮洗;炉(子)
za	数(数),占(算),列举;换(零钱)	laod(seiz)	筛子,箩筛
zuozfaf	灶房,厨房	yifdafmaox	砍刀,砍柴刀
zuoz(kuol)	灶	nef	伐(树木)
guof(beid)	锅	tuil(ded)	推刨
weid	甑子,蒸笼	fvt	锯子;屁;放屁
guofcax	锅铲	zoup	石(头);中(毒);着,结(果);长(虫)
cuax	切(菜)	zoupkuil(zaopkuil)	石头
yifdaf(zix)	刀	diefcuil	锤子,钉锤
berx	(木)板,板(子)	sux	扫(地);就
berxjiz	案板,砧板	jitwerf	(居室、庭院)地,地面
zap	煮(米);焯(菜);感觉,估摸	zui(gvt)	扫帚
huixbad	火盆	kvl(beid)	畚箕,筲箕
saxjiaof	三脚(架在火上用以支撑锅、茶壶的铁质器具)	tvt	桶;吐(芽),发(芽)

续表

gud	壶;桥	dazbif	扁担
zaodgud	茶壶	zaoz	根(扁担);山地,旱地
derp	个,颗	def	箩;灯;蹬
suaf	烧(水);(菜、果)园;双(胞胎)	nvx	箩筐,(鸡)笼
hua	(水)开;(肚子)饿;画(画);花(色);晃(荡);花(白族调的首、阙)	dezlaof(pierl)	背带
hua'xuix	开水	zouf	装(进);(村)庄;带,领
suithup	水壶,热水瓶	sid	坛,罐(大);神(仙);昏厥
juif	罐(小)	tuxsid	土罐
zaodjuif	茶罐	xiaf (derp)	箱子
laofguof	锣锅	gvt	柜子;跪
tuxmed	土锅	zeid	(钱)财;整齐;裁,缝(衣服)
dui	炖;放在火边或热水上以保温	qier	踢;绣(花)
niaoz	煮,炖	jizdaf	剪刀
sulxil-zoufhuix	烧柴引火	haofhex	线,棉线
dadhuix	点火,生火	yadhe(merhe)	起床,爬起
yapfafzuf	火柴	yapsuaf	牙刷
dieil(dil)	电	yapgao	牙膏
tul	讨(饭);准备(碗筷等)	setjief (be)	手巾,毛巾
bazdel	板凳	seix	洗
zerfzi-bazdel	桌椅板凳	zoud (zouf)	床
geizngerx	碗盏,碗碟	pul (pul)	床铺
ba	钵头,大碗;倒塌;班(级)	gaozjit	草席
zvt	筷子;(虫)蛀	put (sei)	(苇、草、竹等)席子
papzi	盘子	zeiftiaol	毡子,毛毡

续表

gerxsaof	铜勺	tatzi	毯子
mifzoup	篾勺	dilda	垫单,床单
lafzitmiz	辣子面,辣椒面	zixded	枕头
tiaopge	调羹	geit	点（灯）；解（决），（襻）解
zvf（beid）	盅,杯子;钟	yeddef	油灯
jilguil（get）	犁	yaplaf	洋蜡,蜡烛
dv	锄(地);啄	dieilde(dilde)	电灯
zvd（seiz）	锄头	dieilsil(dilsil)	电视
seiz	蛋、下（蛋）；扇子；骗；丝（线）；个、面(量词)	cvmeid-wawut	出门在外
ser	割	ssexde	知道,认识,懂
hazyid（pit）	镰刀	ci'pix	轻松
jitgerf(berz)	连枷	si	谷,稻谷;宿,借宿
baoxmeixjif	簸箕		

三、语法注解：动词的组合关系

（一）动词和名词的组合

白语的动词在和名词组合时，动词在前，名词在后，构成动宾式短语，与其他藏缅语完全不同，是藏缅语中仅有的两种 VO 语序的语言之一（另一种为缅甸的克伦语）。白语的这一语序，应是受汉语影响而形成的。如：

sua doud 说话　　cal gao 唱歌　　sux jitwerf 扫地　　hhex xuix 喝水
说　话　　　　　唱　歌　　　　　扫　地　　　　　　喝　水

（二）动词和动词的组合

白语动词可以连用，表示连动、补充、目的、结果、方式、趋向等语义关系，如：

der pel 打泼	bei qi yef 走出来	jil ka 饿
打 泼	走出来	饥 渴
dou ferx 摔倒	mer ke（yad ke） 起床	kel keil 打开
摔 翻	爬 起	打 开

（三）动词和副词的组合

白语动词和副词的组合顺序一般同汉语，即副词在前，动词在后，如：

feix xithuaf 很喜欢　　zalgerdzi ssexde 全都知道　　niou bet ye 不要吃
很　喜欢　　　　　　全　都　认　得　　　　　　要　不吃

ngerdjiet bei 赶快走　　meldid pia 刚到　　　　　le'le zi 越发恼火
赶　紧　走　　　　　　刚　才　到　　　　　　越发恼火

（四）动词和形容词的组合

按语义关系的不同，有动词+形容词和形容词+动词两种组合方式。

1. 补充关系：动词在前，形容词在后。动词后可以直接跟形容词，这与汉语不同。如：

sa ngerdjiet 跑得快　　　sua haof 说得对　　　　jid qioul 唱得好
跑 赶紧　　　　　　　　说 合适　　　　　　　　唱 好

2. 修饰关系：占优势的传统语序是动词在前，形容词在后。这和汉语完全不同。如：

ye hux 好吃　　　hal hei 难看　　　zil oup 容易做　　　gaot hei 难堪
吃 好　　　　　　看 害　　　　　　做容易　　　　　　搞 害

但受汉语影响，有时白语也采用形容词在前，动词在后，表示修饰的语义关系。如：

nad hal 难看　　　　ferx sua 说反话　　　oup zil 容易做
难 看　　　　　　　反 说　　　　　　　容易做

（五）动词的重叠

白语动词一般有两种重叠形式：

1. 单音节词的 AA zi 式重叠，如：

xiaf xiaf zi 闲一会　　　yid yid zi 找一找　　　dex dex zi 等一等

2. 双音节词重叠，一般只有 AABB 式，无 ABAB 式。如：
teltel-zouxzoux　　上上下下　　　seixseix-doudoux　　洗洗刷刷
jifjif-galgal　　嫉妒，妒忌，红眼病，见不得别人好

四、每课一谚

Sua'doud-sua'soul nidgerf jif,
说　言　　说　语　人家　多
cv'zeid-cv'hhep nidgerf xioux.
出　财　　出　力　人家　　少

汉语意义：说长道短的人多，出钱出力的人少。表示动嘴容易，做实事难，也表示口惠而实不至。

五、练习

1. 熟读生词。
2. 将课文翻译为汉语。
3. 每人试用白语说出自己家里的 5 种生产生活用品。

第二十五课　交　通

Deitneidngvx kuol　Ngerdnad-bei'be

一、课文

A：Yap guxdeit pia dettal, zex nial Da'lit ngerdnad-bei'be no nidgerf deitdeitzi feix jif.

B：Zaox, Erxguerf zex laozsi cvmierf le.

A：Beldedmef nidgerf huox cvmeid zuiz leil saofkux le.

B：Nial alda svz leil gaf, gouz(pier) leil sil, zei zex daotgvf-daotkaot atgerd, niou geidsvz-mer'ngerx, zei dvtxuix-guozgud.

A：Ngaot seit zidjia yap Gaoddvf bei Gaodseif niou gvzyeid naf. Zex bifsif bettal nerl ga pel gaf jix he, hal bifsif ngerdyeid, bifsif mux bettal nerl niou zil maf zil zex.

B：Dettal gaod leid het zaldier'zi zex daot youplatyeid laoz. Yeid at sul zex zez de gal ber nidgerf le.

A：Yeidkaox jilxioux qieil?

B：Beldedmef zil pilyi, did sal xi kuit at nid. Dettal no daot youplatyeid zil gerz leil gerzdaot, gvz leil gvz qioul, guerxxiaf nidgerf gvz no atgerd.

A：Guxbeit nid sua zaop, beldedmef bei jiefzerd kaotsil, gedmerx niou bei sal xi wa naf.

B：Beldedmef zilsefyihuox leil zalgerd jieip ngedmerx, tel Yiffvf, feix bei duix, bal at jiad bei pia Jieifcix Dedwap.

A：Belhhex zex qilcer laoz, nerl tux leid hei, cer leil kel pip, bei Sitceil niou goux sal xier, tux no zoup cer'daot, nadguoz zv duox.

B：Dettal zex gaosuf-gu'lul, kelcer sax sil gaol xiaozsip wu pia laoz.

A：Sitceil pia Deitleix no huixcaol leil feix ngerdjiet.

B：Dettal gvz feixji ngerd Sitceil zil did atbefzi.

A：Seit zidjia nial sel nidnidzi yerz huovvx daf huovvx, dettal zil zalgerdzi yerz xioux daf xioux hel laoz.

B：Zaox laoz, dettal zil zei'bit beldedmef kuixhuof hel jilxioux laoz.

二、生词

ngerdnad-bei'be	来来往往,南来北往	jiefzerd	京城
gouzpier	谷,山谷,山箐	zilsefyihuox	生意人,商人
kaot	河,溪	jieipngedmerx	赶马
daotgvf-daotkaot	大江大河	Yiffvf	夷方(泛指今保山、德宏等滇南、滇西南地区及缅甸一带)
geid	爬	duix	远
mer	爬	Jieifcix	金齿(今保山、德宏一带)
ngerx	(山)岭;(衣)领	Dedwap	腾越(今腾冲)
geidsvz-mer'ngerx	翻山越岭	pip	慢;皮(近现代汉语借词)
dvt	动;涉(水),渡	Sitceil	昆明
gud(sex)	桥(座)	zoup cer'daot	晕车
dvtxuix-guozgud	涉水过桥	nadguoz	难过,难受
yeid	船	gaosuf-gu'lul	高速公路
pel(gaf)	帆,风帆	huixcaol	火车
ngerdyeid	行船	ngerdjiet	快,快速;赶紧
youplatyeid	旅游船	feixji	飞机
zez	驮,载,运载	atbefzi	一会儿
yeidkaox	船费	sel	数(钱);还,归还;每(个)
guerxxiaf nidgerf	游客,游人	yerz	背(东西)
guxbeit	老辈,老一辈		

三、语法注解：白语动词的被动式和否定形式

（一）动词的被动式

白语动词在动词前加 zuof "着"，表示动词的被动式。这一形式是受汉语西南官话的影响而形成的，在白语各方言中都比较一致。如：

Seitdaotzouz ded bel qieil ya zuof bal　dat hel　laoz. 小伙子的钱被人偷了。
小伙子　　　个他的 钱 些 着 他们　偷 体貌　了

（二）动词的否定形式

白语方言在词汇（尤其是实词类词汇）上差别不大，但否定词则有较大差异。其中，大理方言与剑川、怒江两大方言之间的差异尤其鲜明。

在构成形式上，白语各方言的否定动词或助动词以分析形式为主。但各方言仍保留有基于屈折形式构成的否定动词和助动词，其构成方法是，表示肯定意义的动词或助动词辅音不变，元音经过交替变化表示否定意义。大理白语中，此类否定词数量已很少，且只有一种类型，即肯定词的单元音变为带介音 u 的同部位复元音，构成对应的否定词。常见的有以下一些：

guiz　不见（geiz 看见）　　　　　duox　不行，不能（daox 行，能）
suix　不懂（sex 或 seix 懂，知道）　yuix　不敢（yeix 敢）

而白语怒江和剑川方言的一些土语中，这种构词方法仍很发达。高圆唇元音化很可能是古代白语表示否定意义的一个屈折手段。

大理白语中表示直接否定的动词有两个，即 mux 和 bet。后者功能不活跃，通常只跟其他否定词构成复合词或在特定短语中表示"不"的意义，一般不单独使用。而 mux 则兼属副词和动词，既可以用在动词、形容词、名词或词组后表示对动作或状态的否定，也可用在名词之后表示不存在或不具有，有"没有"和"不"两种意义。作动词时，表示不存在或不具有，意义为"没有"，和 zex（有，在）相对，位置在名词后，如：

Ngel biaot at jia mux. 我没有表。　　Kaot zv het xuix mux. 河里没有水。
我的 表 一架 没有　　　　　　　　河 条 里 水 没有

四、每课一谚

Zex jierd hhex gef xuix leil xiouf,
有　情　喝　冷　水　也　香
mux jierd ye saofdaod leil bierp.
无　情　吃　砂糖　　也　淡

汉语意义：有情时喝冷水也香甜，无情时吃砂糖也无味。

五、练习

1. 熟读生词。
2. 将课文翻译为汉语。
3. 试用白语简略说出如何从家庭所在地到学校。

第二十六课　健康 疾病

Deitneidfv kuol　Herlsi nil bertsit

一、课文

A: Youserfnid, ngel jie'sep saof, qierx nil dad ngel halhalzi.

B: Nil qierx gvz tel. Nil alna ci'pix mux?

A: Zerdserxni hhexzeizgvf zex qihou mux laoz, gerlni le'le nadguoz.

B: Dedbaodsit nil ferni?

A: Goux zuaf zi zex, zei dedbaodyui. Cil no zil lui lerzzei gad. Yaozhet gad zil zildad-zilgaoz.

B: Fv leid nga sit nil mux? Yix perl six nil mux?

A: Mux, afsit yixsix zil qioul le, wu zex cilkoul get zil sualsit.

B: Ngaot xieix dad nil baod houmer. Nil ga juixgerf leid goukeil, ngaot hal nil zeip pit nil gvpdeijix leid.

A: Zaox laoz, gvpdeijix leid leil sul de dierl, kaolse zidjia feix sit, zei zex taotwap.

B: Kaolse kaol zvx nil mux?

A: Nihet kaol cerl, yaozhet feix kaol zvx.

B: Qierlmerd laoz, nil bertsit det zuaf betxiaof jiaofxif, didzil saoffvf haol. Ngaot kel nil you'dafzi leid, zex gufyou qia, zei zex youweidzi wal derp.

A: Niou der'zif naf mux?

B: Betxiaof, you det zuaf feix kuol le. Laof wal ni zil hex laoz. You jiax at ni hhex sal jiad, at jiad hhex goux derp.

A: Bier nil cerl, ngel daotgerzxif leid sit de dierl, det leid niou zeilmel daod?

B: Der ga'ze, muxzil qisua leil daox le.

A：Dettal ni'xier guoz qioul, nerl bertsit leil jif he yaof, youserfput het halbert nil yiwerl het zil soutsuf nidgerf zex jiax gerd.

B：Bert zil dettal xioux naf meid. Nil ga mix, beldedmef no leixbert, xuid fer'piaolvvt, yixlit, laopbert, deimaffef, cv'fvf det xief lettal xioux jif hel laoz. Nidgerf ya leil zei'bit beldedmef herl zoud hel atgerd laoz.

A：Zaox laoz, seit zidjia zvz de fvf, bertsit det zuaf wu de de duox laoz.

B：Dettal atgerd bertsit bel zit zex ye no hhex no gafjiez cvt beldedmef mux. Nidgerf huox zil zuozsex nil guoz ni'xier saofkux merf haol.

A：Zaox laoz, nil sua de haof le. Nil zei dad ngel baod kel no zelmiep leid, ngaot qietjial goux ni.

B：Daox le. Nil bei yaz zid li'li xiaf, duof hhexxuix, zeilsip zil da beldedmef atyouz herlsi laoz.

A：Nafweif nil laoz!

二、生词

youserf	医生	gufyou	膏药
jiesep	精神,精力	qia	帖,副(量词,药)
saof	弱,虚弱	youweidzi	药丸
bert	病	der'zif	打针
qihou	气力,精力	laof	少数,不多
ferni	发热	daod	办,弄,搞
yui	(头)晕;玉;遇(见)	der ga'ze	针灸
gad	寒(冷);含,衔	qisua	拔火(罐)
gaoz	抖;敲打	youserfput	诊所,卫生所
zildad-zilgaoz	发抖	yiwerl	医院
fv'nga	肚子疼	soutsuf	手术
yixsix	拉屎,大便	leixbert	传染病
perl	软,稀;湿	fer'piaolvvt	疟疾
afsit	小便	yixlit	痢疾
sualsit	酸疼	laopbert	肺结核,痨病

续表

hou	（记）号；贺（礼）	deimaffef	麻风
houmer	号脉	cv'fvf	天花
goukeil	（嘴巴）张开	zvzfvf	种痘
kaolse	咳嗽	zit	原因,根源；（动物）生崽
taotwap	痰	zelmiep	证明
qierlmerd	清楚,明白,聪明	qietjial	请假
jiaofxif	焦心,担忧	li'li	好好（地）
saoffvf	伤风	duof	多（出来）；戳
you	药	zeilsip	马上,很快
you'dafzi	药方,药单（子）		

三、语法注解：动词的体和貌

动词的体、貌是否分立在汉藏语系语言研究中长期存在争论。

体是观察时间进程中动作或事件与时间的构成方式，注意焦点在于动作或事件在时间中的进程关系。貌的注意焦点在于动作或事件在时间中的进程状态，如动作的起始、中断等。

和白语的其他方言一样，白语主要通过在动词后附加各种助词来表示持续体、进行体、完成体等不同的语法范畴。其中很多助词及其用法与汉语类似。

（一）进行体

大理白语在动词后加助词 jiert，表示动作正在进行。在白语中，进行体与持续体的区分不是很严格，因此，进行体有时也表示持续的语义。如：

Baot werp jiert sif. 他正在写着字。
他   写   体貌 书

Ngaot seix jiert yifbeiz. 我洗着衣服。
我   洗 体貌 衣服

（二）完成体

白语表示一个动作行为完成或实现的助词是 hel，hel 一般与 laoz 连用。如：

Mix qioul hel mel zei werp.　想好以后再写。
想　好　体貌　才　再　写

Ngaot ye hel laoz.　我已经吃了。
我　吃　体貌　了

白语中合音现象比较多，hel 和 laoz 经常发生合音，haol 就是 hel 和 laoz 的合音形式。如：

Sitvvx det teil zerdserxni ngaot sua get baot haol.
事情　这　台　昨天　　我　说　给　他　体貌
这件事昨天我已经告诉他了。

（三）经历体

表示动作、行为、状态曾经有过，并且已经结束，白语一般用 guoz 表示，该词即汉语借词"过"。如：

Laozsi sua guoz laoz.　老师说过了。
老师　说　体貌　了

Sif det cuer ngaot hal guoz laoz.　这本书我看过了。
书　这　册　我　看　体貌　了

（四）进行未完成体

在动词后加 zilqit，表示进行未完成（转而去做其他事情）。如：

Nivxnazzi ded sua sua zilqit nerl kou he yaof.　女孩子说着说着哭起来了。
女孩子　个　说说　体貌　呢　哭　起　来

Baot werp werp zilqit nerl bei der berd zid laoz.　他写着写着跑去打牌了。
他　写　写　体貌　呢　去　打　牌　去　了

（五）随意貌

白语中表示"貌"这一语法范畴的语法形式极少，但表示时短量少或尝试性动作的随意貌则较为常见，在白语方言中也非常一致。也可以进一步分为短时貌、尝试貌和随意貌等小类。表示法有以下几种：

1. 在动词前附加表示尝试义或随意义的助动词 ga。如：
表示时短量少的动作：

Nil ga gvz. 您坐会。　　　　Nial ga xiaf. 咱们闲一会。
您　体貌　坐　　　　　　　咱们　体貌　闲
表示尝试性的动作：
Naot ga sit. 你试试。　　　　Naot ga mix. 你想想看。
你　体貌　试　　　　　　　你　体貌　想
Naot ga sit hal zvx nil mux. 你试试重不重。
你　体貌　试 看　重 还是 不
表示随意性的动作：
Sif det cuer naot ga ferx. 这本书你翻翻看。
书 这　册　你 体貌　翻。
2. 动词重叠后再加词尾 zi。
Nial bei bei zi. 咱们走走。　　Naot qierl qierl zi. 你听听。
咱们走 走　　　　　　　　你　听　听
Atgerd zi dex dex zi. 大家都等一等。
大家　　等　等
Saofkux laoz, xiaf xiaf zi yef. 辛苦了，休息下。
辛苦　　了　闲 闲　　来

四、每课一谚

Hhepsif hhep zil gux daf sif,
读　书读　成老 挑书
ziljit zil zil jit ye zex.
做田 做 成 田 吃主

汉语意义：读书读成挑书匠，种田种成田吃主。
注释：意思是不能死读书，死种田，头脑要灵活，不然读书到老也只能做个挑书匠，种田也要赔本。

五、练习

1. 熟读生词。
2. 将课文翻译为汉语。
3. 模拟场景，两位同学分别扮演医生和病人，进行简单对话。
4. 白语动词的体貌主要有几种？简略说出其表示方法。

第二十七课　松竹梅兰[①]

Deitneidqi kuol　Xioudlad-jieixzv

一、课文

Xioud

Gafsvz daotsvz no herl max,
ngel sei ngel gua feix ferwa,
ngerzger herl geif zoupngerd mel,
qiert fvl zipnei wa.

Dezheil-dapjit zet svzjieif,
bet gerf gefgad soulsui xia,
niou sset svzngerx yiz xifyif,
zalgerd lv'qia'qia.

Lad

Herl geif gafsvz-silgouz het,
berpyui youzzi alna ax,
dvfngerd-cvlpia zux keil huof,
ngel sei wud ngel gua.

Bif pel ngel bad xiouffvlfvl,
gaolli geiz ngaot fvf qia'qia,

---

① 本课文选自《石宝山白曲选》里的《松竹梅兰》（陈根旺选译）。原文为剑川方言。本教材译为大理方言，并根据方言差别和押韵原则对唱词作了较多改写。

huof het bel oud wu zex ngaot,
ladhuof cvmierf xia.

Jieix

Herl geif suaf het nil svz no,
gefgad zidjia huof keil wa,
huof keil at duox bit duox seif,
geiz nid xithuaf xia.

Zipyi-yapwa mux huof keil,
didzex ngel huof kel qia'qia,
ngel huof kel ni soulsui het,
huof keil cvlji pia.

Zv

Gvf bif haot hhex leil herl max,
atsua-xiji zex zil lv,
ngel gua zil miaoz sei zil seif,
zv'zei bet youf kv.

Dvfwa heil gef jit leil gad,
soultel-sui'oup weixhetmux,
halngedzi ded ssvt pel xiaof,
pel qi ber youz kv.

二、生词

xioud(youd)	松(树)	youzzi	样子
xioudlad-jieixzv	松竹梅兰	dvfngerd-cvlpia	冬去春来
max	满	xiouf	香(味);(烧)香;乡(村)
ferwa	发旺,茂盛	xiouffvlfvl	香喷喷
ngerz	硬	gaolli	蝴蝶

续表

ngerzger	坚强,硬朗	fvfqia'qia	飞舞
mel(mef)	结构助词;处所标记;无目的瞎走	oud	王;鹅
qiertfvl	青翠	miaoz	直;瞄(准);股、道(气、烟、火苗等)
dezheil-dapjit	顶天立地	kelqia'qia	怒放
svzjieif	山顶,山尖	cvlji	春季
gefgad	寒冷	atsua-xiji	一年四季
soulsui	霜雪	zv'zei	竹节
lv	绿	weixhetmux	看不上,蔑视
lv'qia'qia	绿油油	halngedzi	放牛娃
gafsvz-silgouz	高山深谷	xiaof	箫、笛;推;销(门)

三、语法注解：白语的形容词

(一) 形容词修饰名词

基本形式是形容词作修饰语位于名词之前，名词作中心语在后，构成名词性短语。例如：

hux xiaofsex	好学生	daot bifsif	大风	hhexbeit	晚辈
好 学生		大 风		后 辈	
cer yifbeiz	红衣服	gef xuix	冷水		
赤 衣件		冷 水			

(二) 形容词与动词的组合关系

按语义关系的不同，白语有动词+形容词和形容词+动词两种组合方式。这两种组合方式同样表现了白语语法结构上的二重性，即白语兼有固有结构和受汉语影响而形成的新结构。

1. 动词在前，形容词在后表示修饰。这种结构不同于汉语，应是白语固有的结构形式。但这种形式已不常用，只保留在一些固定的词汇结构中。如下：

| ye qioul | 好吃 | hal qioul | 好看 | qierl hux | 好听 |
| 吃 好 | | 看 好 | | 听 好 | |

2. 形容词在前，动词在后，表示修饰关系。这应该是白语中后起的结构形式，如：

ferx sua　说反话　　　oup zil　容易做　　　meix ye　吃得晚
反　说　　　　　　　容易做　　　　　　晚　吃

（三）形容词与副词的组合关系

1. 形容词与否定副词的组合

白语大理方言的否定副词为 mux（不，没有），其位置在形容词之后，如：

cer mux　不红　　　qioul mux　不好　　　xithuaf mux　不高兴
赤　不　　　　　　好　不　　　　　　　喜欢　不

2. 形容词与程度副词的组合

白语各方言的程度副词一般都借自汉语。因此程度副词与形容词的结合关系也基本与汉语相同。如：

feix ngerdjiet　很快　　　　laozsi oup　非常容易
非常　快速　　　　　　　　老实　容易

（四）形容词的重叠

白语的形容词有的可以重叠，表示程度的加深、范围的扩大等意义。双音节形容词的重叠形式既有 AABB 式，也有 ABAB 式。如：

qierlqierl merdmerd　清清楚楚　　weifweif ni'ni　热热闹闹
清　清　明　明　　　　　　　　温　温　热　热
metzat metzat　朦朦胧胧　　　　merdlia merdlia　亮亮闪闪
朦胧　朦胧　　　　　　　　　　明亮　明亮

单音节的形容词重叠后一般在后边加助词，构成三个音节的重叠形式。如：

zvp zvp yit　浑浊的　　　　lia lia he　亮亮的
浊　浊　的　　　　　　　　亮　亮　的

（五）形容词加后附形式

白语形容词可以添加不同的后附形式，表示颜色、形状、程度的深化和加强。

1. 白语形容词加表示情状范畴的重叠后附成分，如下：

berp zapzap　白森森　　　　cer juiljuil　红通通
白　惨惨　　　　　　　　　赤　通通

lv yelyel 绿茵茵   he qui'qui 黑黢黢
绿茵 茵   黑 黢 黢

xiouf fvlfvl 香喷喷
香 馥馥

2. 白语形容词加 xif, zimel 等后附成分，如：

qioul xif 好好（的）   gafdaot xif 高大（的）
好   高 大

merdsuerl zimel 明晃晃（的）   qierlyel zimel 清澈澈（的）
明 亮   清澈

四、每课一谚

Geif ded kuax ded bei guoz, at tux zi jierp bifjieixhuof zvsei;
鸡 只 狗 只 走过 一路 地 撒 盐梅花 竹叶
merx baf youd baf zuax cvt, jitwerf het zeix qiert aoddaod xioudzi.
马 帮 羊 帮 在 处 地心 里 堆 青 核桃 松子

汉语意义：
鸡狗走过，一路撒盐梅花、竹叶；
马羊在处，地上堆青核桃、松子。
注释：白语南部方言谚语联。鸡脚印似竹叶，狗脚印似梅花，马粪如核桃，羊粪如松子。该联以鸡狗脚印、马羊粪便对仗，形象生动，饶有风趣。

五、练习

1. 熟读单词。
2. 熟读课文并背诵。
3. 试编一首描写常见动植物的白族山花体诗。

第二十八课　母猪龙①

Deitneidbia kuol　Deipmaoxnvd ded

一、课文

Guxdeit zidija, Laodhaolxiei gaod gaod het gvz de deipmaoxnvd ded.

Zex at xier, guxbaof guxyaoz jiax ker ngerd gaod het vvd xuixcux. Yeid sul maf pia gaod xifhet, belda xuixcux zex atgerd, guxbaof nid ssvt palzi leid vvd xuixcux, nerl zeilmel vvd leil vvd ke duox, didderx hhef bel guxyaoz mel: "Bel nei! guaz ngel sit dier yef! Ngaot sifzeil zil mel zaopzed mux." Guxyaoz nid nil guxbaof nid daphuot ssvtqi, vvd zoux yef qilzvx-ber'zvx no xuixcux jiax kuil. Ga cux kuil berd keil hel zil, bel erxjix zex teisou xif, ga axax zil teisou xif biaox, zex jieifsou xif le. Gouxpaolmaox huaf zil guoz qi duox. Guxbaof nid nei ke daot yifdaf zix niou ga jieifsou xif zou zui baot. Bel guxyaoz gvf bel mel: "Naot zil haf qi jiax! Niou bet zou zui baot, kualxif zei vvd daf no tuil." Guxbaof nid zei ga jieifsou xif jix ni yeid sul het at tuil, belhhex zil, nei daot yifdaf zix, lerz niou zou zui baot. Bel guxyaoz nid dil zei gvf ke yaof: "Berpvvd guxbaof! Zei vvd daf no gout meid!" Guxbaof nid qierl guxyaoz nid doud, nerl zei jix zoux yef at gout. Hel ngerdjiet niou nei daot yifdaf zix zou, guxyaoz nid yad guoz yef ga baot jix jiert hel sua zaop: "Zei vvd daf no atgoutzi!" Vvd de maxmax mel jiax yeid laoz leil, guxyaoz nid bel weixhe, baot dil sua zaop luf mux naf.

Vvd pia laozhhex zil, jix de deipmaoxnvd ded no baofzigou leid, deipmaoxnvd ded kerx de kerx, ga yeid het no jieifsou xif at gout at gout jix qi ngaod. Guxyaoz nid

---

① 本课文根据徐琳先生《白语话语材料》(载《民族语文》1988年第3期，原为剑川方言) 改写。

jix jiert jieifsou xif ziz mux, deipmaoxnvd ded ga baot jix tel gaod gaod het nvf xia haol. Deipmaoxnvd ded yap gaod gaod het tiou qi yaof, at mud mud pia Saolberd zoud gvf gvf het, baot mud guoz cvt, attuxzi zetded-ngvsei leil zua nex zua ba. Bel jieifsou xif jix guoz cvt, biz zil cer tux zv, bel juixgud leid huat guoz cvt, zoupngerd nil jitdat leil zalgerd biz zil zil cer. Pia lettal leil zei hal de bel zifzif daox naf.

二、生词

deipmaox	母猪	tuil	截,段,根(量词)
deipmaoxnvd	母猪龙	berpvvd	疯癫
Laodhaolxiei	浪穹县(今洱源县)	gout	截,段(量词);烘烤
xier	天,日;夜;弱,差	yad	抓,扑
guxbaof	老头	weixhe	贪心,心黑
guxyaoz	老太婆	laozhhex	后来,之后
ker	客(人);(一)副,合,对;卡(鱼刺);咳(痰)	baofzigou	脖子,脖颈
xuixcux	水草	kerx	惊,受惊
pal(lal)zi	耙子	ziz	放,释放
didderx(diddaox)	只能,只得	nvf	溺,淹
guazsit	管事,帮忙	Saolberd	沙坪(地名)
zaopzed	办法,措施,成就	Saolberd zoud	沙坪场(地名)
ssvtqi	用力,使力	attuxzi	一路
qilzvx-ber'zvx	沉重,沉甸甸	zetded-ngvsei	树木花草
erxjix	底下	zua	撞
sou	绳,索;受(罪);束(发)	nex	倒(下)
teisou	铁链子,铁索	huat	(猪)拱
gouxpaolmaox	夫妻俩	zoupngerd(ngerdzoup)	岩石,石崖
huaf	高兴,欢乐;慌(张)	jitdat	田野,田坝,田地
haf	憨,傻	zifzif	踪迹,痕迹;位置

· 140 ·

三、语法注解：白语的副词

副词主要包括程度副词、范围副词、时间副词、否定副词等大类。

（一）程度副词

程度副词表示性质或性状的程度。白语各方言的程度副词一般借自汉语，其在句中的位置也同汉语，都位于形容词前。主要的程度副词有 yuif "越"、gelfa "更加"、zuil "最"、feix "非常"、teil "太"、laozsi "扎实、实在" 等。用法举例如下：

Gerlni feix gef.　　今天很冷。　　　Yuif bei yuif duix.　越走越远。
今　天非常冷　　　　　　　　　　　越　走越　远

（二）范围副词

白语中表示范围的副词主要有 yifsout "都"，zalgerd "完全，全部"，sel xioux "至少，最少"，did "仅只，只" 等。如下：

Nial zalgerdzi bei.　咱们都去。　　　Baot did zex qi sua naf.　他才七岁呢。
咱们 全部　　去　　　　　　　　　　他　只有　七岁呢

（三）时间副词

白语中的时间副词比较丰富，主要的有 didmel "刚刚、刚才"、zeilsip "立刻，马上"、hufjitleid "忽然，突然，一下子"、cux、wu、sux、sex "就"、zelzeil "正在"，lulsu "逐渐，陆续，缓慢，差不多"、yitjie "已经" 等。举例如下：

Baot didmel bei qi zid naf.　他刚刚才出去。
他　刚刚　走 出 去 呢

Seitdaozzouz ded hufjitleid mer pia svzded no zid laoz.
　　小伙子　个 一下子　爬 到　山顶 上 去　了
（那个）小伙子一下子就爬到山顶了。

Nial lulsu kexgou laoz.　　咱们差不多出发了。
咱们 陆续 起脚　了

(四) 否定副词

白语大理方言中表示否定意义的副词数量较少，主要有 bet "不"，mux "不"，mux "没"，niou，niou bet "莫，别"等。如下例：

Bei def mux.　没来。　　　　　Ngaot ye mux.　我不吃。
走　来　没　　　　　　　　　我　　吃　不

Niou bet bei.　不要去。　　　　Huof cer mux.　花不红。
要　不　走　　　　　　　　　花　　赤　不

(五) 其他副词

白语中还有表示重复、连续等各种意义的副词。主要的有 dil "还"、zei "再"、leil "也"、lerz "又"、lerzzei "另再"等。这些副词的来源比较复杂，有的可能是白语固有词，如 leil 或 lil "也"、dil "再，还"。有的显然是汉语借词，如 zei "再"。其用法如下例：

Zei zil dierl.　再做一点。　　　Baot leil bei def laoz.　他也来了。
再　做　点　　　　　　　　　他　也　走　来　了

Ye hel zei bei.　吃了再走。　　 Baot gvf laoz zil lerzzei erx.　他又聋又哑。
吃　掉　再　走　　　　　　　他　聋　了呢　另再　哑

四、每课一谚

> Jioufguaf derp yap fv het lat,
> 南　瓜　颗　从　腹里　烂
> masou niez yap muz cvt zui.
> 草绳　根　从　细　处　断
>
> 汉语意义：瓜从里面烂，绳从细处断。
> 注释：表示事物都有各自的薄弱环节，也可表示不同事物有各自的发展变化特点。

五、练习

1. 熟读单词。
2. 熟读课文并翻译为汉语。
3. 用白语简要复述故事。

第二十九课 十二属歌[①]

Deitneidjiex kuol Zipnei zvp kv

一、课文

Qierl de nivxtei naot zvp svx,
heilkvl het zil naot erp ngv,
zipnei zvp het naot zex daot,
jiel did maod gvt nga huovvx.

Qierl de nivxtei naot zvp nged,
did sui qihhep naot zex ded,
bifdi zuozsex zil zef duox,
daox no ye ma ga hhep ged.

Qierl de nivxtei naot zvp laod,
cil no yiz de hua yif yaod,
nel jiap nel weix geiz naot gerf,
svz no gouz het naot zil aod.

Qierl de nivxtei zvp taollao,
ye cux der dvz huaflilgaox,
gua zouxbaod zil nel soutxif,

---

① 大理市挖色白族民歌。根据王富先生《鲁川志稿》（大理州南诏史学会 2003 年编印）记录同名民歌（原文为汉字白文）改写。根据押韵原则对部分词句作了较大改动。

bei telbaod zil aod no duox.

Qierl de nivxtei naot zvp nvd,
gvz geif daot gvf nil daot gaod,
daot xuix cv cvt nel haotdvf,
zalgerd jie naot dou dedbaod.

Qierl de nivxtei naot zvp kvx,
nel youzzi zex zeil gerf zv,
mer hel tux no mud saot naot,
lou ke yef xuid dafbaof zv.

Qierl de nivxtei naot zvp merx,
daf nel cil no merx'af ker,
zezhuo-zezvvx tel yiffvf,
guahuf-guayerd xillilsuer.

Qierl de nivxtei naot zvp youd,
ni'sua zil seit wud juix zoud,
maxsvz-maxbaox gua jia haol,
naot zex goupyoud nil zifyoud?

Qierl de nivxtei naot zvp sil,
saol kerlvvxbaod berd nel cil,
tiou'tel-mer'zoux xiaf zv duox,
oudsuaf gua zet hux betsil.

Qierl de nivxtei naot zvp geif,
gou mel nerl berd cil mel zeif,
atni'zi xiat yid ye'dierl,
gudlud-gudlud doudsoul jif.

Qierl de nivxtei naot zvp kuax,
bal zaop haoz gout gul sax jia,
sex de nid no youd mixduf,
sex bet de nid naot guit nga.

Qierl de nivxtei naot zvp deip,
atni'zi nerl huat wutmeid,
ye'luf-hhexbux at ni cerx,
fvzlud-fvzlud pel daot bid.

二、生词

heilkvl	天空	lou	盘,络,绕
erp	列,排行	dafbaof	束腰带(白族女子服饰)
ngv	(末)尾;木(然)	merx'af	马鞍
jiel	总,净,尽,静,不出声气	zezhuo-zezvvx	驮载货物
maod	磨(刀),(折)磨	huf	(挂)红;买(米)
bifdi	别的,其他	yerd	铃铛
ma	稻草	xillilsuer(xillil-suerllerl)	铃响声,丁零当啷
jiap	伙伴,朋友;赠,送	maxsvz-maxbaox	满山满坡,漫山遍野
jiapweix	伙伴,朋友	goupyoud	山羊
geizgerf	害怕	saol	搔,抓
svzno-gouzhet	山间谷里	baod	(一)半;坡,旁(边)
dvz	洞	tiou'tel-mer'zoux	上蹿下跳,爬上爬下
huaflilgaox	撒欢儿,欢跳	oudsuaf	猢狲,猴子
zouxbaod	上坡	betsil	本事
telbaod	下坡	ye'dierl	吃的,食物
soutxif	拿手好戏	gudlud-gudlud	咕噜咕噜
jie	敬(奉);金(近现代汉语借词)	kuax	犬,狗

续表

dou'dedbaod	磕头,叩头	mixduf	尾巴
zeil	怎么,咋(个)	guit	乱,胡乱;螃蟹
mud	逃,逃跑	wut	(猪)圈;吆家畜进圈;五(近现代汉语借词读音);丛,簇(竹子等)
saot	笑;让(开);绕	ye'luf-hhexbux	吃饱喝足
fvzlud-fvzlud	呼噜呼噜		

三、语法注解：白语的语序

在藏缅语中，白语的语序较为复杂。既有主-谓-宾（SVO）语序，也有主-宾-谓（SOV）和宾-主-谓（OSV）语序。其中，SVO 语序是现代白语的基本语序，这与大多数藏缅语以 SOV 为基本语序的特点有根本的区别，应是白语语序受汉语深刻影响的结果。此外，否定词、动词以及语气对句子成分位置也有影响。

（一）VO 型语序

这是白语的基本语序。在一般情况下，白语句子都是主语在前，后跟谓语动词，宾语则在谓语动词之后。在构词的层面上，也基本上遵循这一原则。

主谓：fv jilka　肚子饿　　dedbaod sit　头疼
　　　肚子饿　　　　　　头　疼
动宾：sua doud　说话　　bei tux　走路　　zou jit　犁田
　　　说　话　　　　　走　路　　　　犁　田

在白语各方言中，基本语序都为 SVO。在这个基本语序中，宾语的位置只能在动词之后。如：

Ngaot zil zuozsex.　我干活。　　Baot werpsif.　他写字。
我　做 活 计　　　　　　　　　　他　写　字

Kuax nga gux xuixnged.　狗咬老水牛（多管闲事）
狗　咬 老　水牛

VO 型语序的句子中，当宾语为人称代词时，人称代词要用领属格形式，且要附有结构助词作为标记。如：

· 147 ·

Ngaot hhep bel　　　mel. 我向他学习。
我　　学　他 领格 助词

(二) OV 型语序

这一语序的主语在前，宾语在主语之后，最后是谓语动词。这是多数彝缅语的基本语序。在现代白语中，仍保留有大量 OV 语序。但和 VO 语序不同，在构词的层面上，白语没有谓主和宾动的构词法。

1. 多数 OV 语序的受事宾语位置既可在主语之后，也可在主语之前。如：

Baot sif cuer yid de laoz.　　　Sif cuer baot yid de laoz.
他　书 册　找 到 了　　　书 册　他　找 到 了
他找到书了。

Ngao doud cerl qierl zif mux.　　Doud cerl ngaot qierl zif mux.
我　话　声　听 真 没有　　话　声　我　听 真 没有
我没有听清楚（那句）话。

2. 前置的宾语一般需加格助词或其他标记。如：

Bel　no　　nil duof halsa.　您多关心他。
他 宾格 您 多　关心

Nidgerf det nid no ngaot geiz guoz mux.　我没见过这个人。
人家　这个 宾格 我　见　过　没有

在功能语法理论中，前置的宾语一般被视为句子的话题，所加的标记为话题标记。如：

Fv det gua nerl ngaot feix xithuaf.　这支笔我很喜欢。
笔 这 只　话题 我　很 喜欢

Sif det zit zex　at nid leil ssex bet de.　这个字谁都不认识。
书 这 字 话题　一人　也　认 不 得

Sitvvx jiax zil ngaot yui guoz mux.　这种事情我没有遇到过。
事情 这样 话题 我　遇　过　没有

四、每课一谚

> Saotxit-saotxit nid guiz nel sit,
> 笑 嬉　笑 嬉　人　坏 你的 事
> qilhhe-berhhe nid niou naot hux.
> 千 骂　百 骂　人　要　你 好
>
> 汉译：笑眯眯的人会坏你的事，批评你的人是为了你好。

五、练习

1. 熟读单词。
2. 熟读课文，了解白族中长篇诗歌的构成形式。
3. 选任意两段背诵。
4. 用白语简单讲述各种动物的习性特点。

第三十课　赵雪屏的故事[①]

Deitsalzip kuol　Zaol suifpiep no gutbet

一、课文

　　Zaol suifpiep zex Baipcuf haot no daot zufsif nid. Zex jiax ni, bel jip Zaol cerfhoul ded bei jit bet nid xiaf, xiat bier bet nid zeilmel leid zi hhepsif nil zilnid.

　　Bet ni nerl jiafhaof Baifcuf beljiap daot zufsif Lit yuipyap leil zex belda xiaf, goux nid zex at hhep pitxiaf si'fvl-vvdzouf, werpsif huahual. Zoud zerfzi zouf no beit de fv, me'zi, caotzix nil jitweix. Jitweix het me'zi ya meldid hhed de naf. Pitxiaf bef zil Zaol cerfhoul det nid bel fv leid jilka, hel bier bel dal zaop: "Nil alda ye no zex nil mux?" Zaol suifpiep dafyet zaop: "Ngel detweix ye no zil mux, naot did fv jilka zil, jitweix het xioufme jiax naot ye bel no dierl wof." Zaol cerfhoul qierl de bel dal jiaxsi sua nerl hhefno'zaop bel dal doufsaot baot hhep de sif xioux, did ssexde wapheil-zoujit, xif mel xithuaf mux, nerl zet he sua bel dal mel zaop: "Jiaxleid zil bet xiaof laoz, nafweif nil naf, atdal nal xiaf jiert, ngaot bei yaz zid laoz."

　　Zaol suifpiep ssexde baot qierl tvl doud cerl mux, letle gvf bel mel zaop: "Jipnid dexdexzi, ngaot zei jiap naot huovvx qiert." Hel yap kethaot gerf het til qi coulbeid jiax nud, nei get bel jip nid, nerl sua zaop: "Coulbeid det nud naot niou bet qilser baot, nial papzuafjiafnid zil zex ssvtcvt le. Naot dei yaz haotdvf zid." Bel jipnid fv het sua zaop: Coulbeid nerl haotdvf jilxioux, zex alsert xi'qip? Nerl lerz gerf bel dal qikex, diddaox jia bel dal mel. Bei pia baztux no, baot le'le mix zil le'le zi, nerl ga coulbeid quit zaldier qil hel tux bifbaod no, til jiert kvl nud leid bei yaz haotd-

---

[①] 本课文根据大理市白族民间同名故事综合编写。

· 150 ·

vf zaod.

　　Pia haotdvf nerl baot gat bel vvxnid mel. Bel vvx det nid nerl feix tvlnidvvt, qierl baot sua hel nerl hhe bel no zaop：" Naot det ded zil hafzi ded laoz, atdal sset naot ye me'zi nerl naot wei alsert ye mux? Ye hel nerl nel fv het zex me'zi laoz vaz. Coulbeid quit nil? Naot ngerdjiet nei get ngaot halhalzi. " Jiaxleid at sua zil baot leil ouhuit he laoz, sua zaop：" Bei yazyef baztux no ngaot ga qil hel laoz. " Bel vvxnid ga nud leid ferx guoz yef ga hal zil, nud leid het zei ngaf de zil lia no jieif sei jiax wal yaod, hel nerl letle sset bel baofnid zerf yaz zid bei yid, nerl jiaxleid zex zeil yid de daox laoz, tux bifbaod no at ya leil yid cvt mux laoz. Ga baot ouhuit zil zvf bel xifgel-ger'ded.

　　Nerl bal ye het no guxnid huox sua zaop, det leid zex Zaol suifpiep sua cil hhex-deitnid mel, hhepsif leil niou hhep, heiljit leil niou zil, nidherl meldid ferwa. Ge'duf-cuapjia, Baifcuf haot meldid ni'xier guoz qioul, vephual fafdaf.

二、生词

gutbet	古本,故事	xi'qip	稀奇
Zaol suifpiep	赵雪屏	qikex	生气
zufsif	宗师,老师,有学问者	baz	半(斤),半(路);办(事);绊(脚)扣(门扣)
Zaol cerfhoul	赵泽厚	baztux	半路
zilnid	做人,为人	le'le	越,越发
Lit yuipyap	李元阳	bifbaod	旁边,边上
pitxiaf	闲谈,聊天	kvl	空;亏(空),(吃)亏
vvdzouf	文章	gat	讲,告诉
si'fvl-vvdzouf	诗赋文章	vvx	妻子;负(重),背(东西);岸,埂
jitweix	砚台	nidngvt(nidvvt)	人情事理
meldid	才	tvlnidvvt (ngvt)	通情达理,懂事
hhed	研磨(墨、药粉等)	hhe	骂
jiaxsi	这样	hafzi	憨包,傻瓜

续表

hhefno'zaop	以为	wei alsert	为什么
doufsaot	逗笑,取笑	ouhuit	懊悔
wapheil-zoujit	种庄稼,干农活	ferx	翻,反
letle	马上,赶快	ngaf	粘贴
ket	里(面),里(边)	zerf	折(回)
coul	糠;疮;推	zvf	捶打
coulbeid	麦麸,糠皮	hhexdeit	后代
nud	口袋,袋子,囊	ge'duf-cuapjia	耕读传家
qilser	轻视,嫌弃	nidherl	人生,家业,家道
papzuafjiafnid	种田人,农民		

三、语法注解：白语句类

（一）陈述句

陈述句是用来叙述或说明事物的运动、性状、类属、关系等的句子，是人们思维最一般的表现形式。语调一般平而略降。如：

Baot ni'sua seit.　他年纪小。
他　年岁 小。

Ngal haotdvf zex nidgerf fv nid.　我们家有六口人。
我们 家　里 有　人家　六 个

Ngel cal　ye hel　laoz.　我饭吃过了。
我的 早饭 吃 体貌 了

Sitvvx det teil naot zil de qioul le.　这件事你做得好的。
事情　这 台　你　做得 好 语气

（二）疑问句

疑问句用来提出问题。白语中的疑问句有多种类型。简单列出以下几类：
1. 是非疑问句。询问事件的 "是" 或者 "不是"，以求听话人针对整个句子询问的事件作出肯定或否定的回答。如：

Nil zex Hexjieix nidgerf nil biaox? 您是喜洲人吗？
您 是 喜洲　人家 还是 不是

2. 特指疑问句。主要用疑问代词提问。白语中疑问代词类型较多，如alsert、hatleid"什么"、natal、hattal"何时"、naweix、alna"哪儿"、hatnid"谁"、zeilmel"怎么"、jil"几"、jilxioux"多少"等。此类疑问句也很丰富。如下：

Nial hattal bei zerd het? 咱们什么时候进城？
咱们何时 去 城 里

Det weix bel mierf hhef hatleid? 这里叫什么名字？
这 里 它的名字 叫 什么

Nal weiyef alsert zil zuoxsex mux? 你们为什么不干活？
你们 因为 什么 做 工作 不

Det nid zex hatnid? 这个人是谁？
这 人 是 哪个

Sif det zit zeimel xiout? 这个字怎么念？
字 这 个 怎么 念

Nial nei get baot jilxioux qieil? 咱们给他多少钱？
咱们拿给 他 多少 钱

3. 正反疑问句。如：

Zip kuit at jieif, nil ged nil (ged) mux? 十块钱一斤，您卖不卖？
十 块 一 斤 您卖 还是 卖 不

4. 选择疑问句。如：

Naot xithuaf Gaoddvf nil Gaodseif? 你喜欢海东还是海西？
你 喜欢 海东 还是 海西？

5. 测度疑问句。以测度语气表示一种猜测的句子。测度句句中多有"大概、也许、恐怕、莫非、约摸、不要是"等测度词语。句末多有语气词"吧"，书面上多用问号，但语调却常用降调。如：

Bet nid gerf zex bel dix houz? 那个怕是他爸爸吧？
那 人 恐怕是他的 爸爸 语气

6. 用疑问语气词构成的疑问句，例如：

Nel qieil ya nil? 你的钱呢？
你的 钱 些 语气

Naot qierl de mux az?　你没听见啊？
你　听　到 没 语气

（三）祈使句

祈使句是表示命令、请求、敦促、商议、建议、禁止等意义的句子。按语义可以分为祈类祈使句和使类祈使句两大类。

1. 祈类祈使句表示请求、敦促、建议、希望、劝阻等语义，例如：

Nial niou bet lat zao qieil.　我们不要乱花钱。
咱们 不要　乱浪费 钱

Nial bei ye cal kex yaod.　咱们去吃饭吧。
咱们去 吃 饭 起 语气

Heil mierz laoz, naot gerf bei yaz daox laoz.　天黑了，你怕得回家了。
天　暗　了 你 怕 走 回　得　了

Naot niou qioulxif hhepsif naf!　你要好好读书啊！
你　要　好好地 学 书 语气

2. 使类祈使句表示命令、禁止等带有强制色彩的语义，例如：

Naot ngerdjiet dier!　你快点！
你　赶紧　点

Sitvvt det zuaf nil niou guaz.　这件事您不要管。
事情　这 桩　您 不要 管

（四）感叹句

白语的感叹句一般用感叹词或感叹语气词构成，有的由上下文语境推知，如：

Atbaod! zeilmel zex nidgerf jiax gerd!　哎呀，怎么会有这么多人啊！
哎呀　怎么　有 人 这样 多

Atdierddierd, det weix zuerx zv duox!　哎呀，这里脏得不得了！
哎呀　　 这 里　脏　得 不行

Atdedded, xuix det oul zil dv sit!　哎呀，水冷得扎手！
哎呀　 水　这 些 做 冻 疼

Bel xif kuox sifzeil hux le merl!　他的心实在是好啊！
他的心 颗　实在 好 的语气

四、每课一谚

> Guoz ni guoz xier, hal gerbier-xi'wut,
> 过　日 过 夜　看　隔壁　　四邻
> papheil-wapjit, hal doux jit erx jit.
> 耕天　挖地　看 上 地 下 地
>
>
> 汉语意义：过日子要看左邻右舍，种庄稼要看上田下田。
> 注释：意思是过日子、种庄稼，都可以向邻近或周围的人学习。

五、练习

1. 熟读生词。
2. 熟读课文。
3. 用 300 音节左右的白语词汇简略写出故事大意。

第三十一课　小黄龙与大黑龙[①]

Deitsalzipyi kuol　Seitngvdnvd nil daothe'nvd

一、课文

　　Beldedmef, seif gaodbaod no zex Lv'dadye jiax ye, ye het zex nivxnazzi nid, culseit bel dixmaox mux sa, nerl baot bei gaodnilbaof nid haotdvf zil bafguf.

　　Zex jiax ni, baot bei gvfbif mel seix cet, nerl hal de gvf leid het bed tel yef lv dad jiax derp, nerl baot ga dad derp vvd ke yef ye haol. Dad ded derp zex nvdzvl derp le vaz, ye hel zil bel cil no bet xiaf laoz. Jiaxleid zil gaodnilbaof haot ga baot jieip qi yef laoz.

　　Nivxnazzi nid nerl feix mufdafzi, diddaox bei zid gvfbif no daf de wofpet leid, zex bel het hal tel yef seitdaotzouz jiax ded. Svlzv'nivx ded jizherl bettal, vvt'oud jiax ded fvf def nei yeicilkvl zad beix jiert baot, set baot bifsif leil pel de duox, vvxxi leil mia de duox. Bel maox bei qi zil zuozsex zidjia, daotbierkvx jiax ded mer zef halsa baot. Ni'xier atni–atni guoz hel zil, baot guof zil ngerzger zei'niou zitdil xif seitdaotzouz jiax nid hel laoz.

　　Bet zidjia, Deitleix gaod het zex daothe'nvd jiax ded, bel nvd'oud yifbeiz zet der'cil haol, baot zi zv duox laoz, wu ga Gaodngv gaz xuix cvt cel he yef, ga jitdat nil xioulye ya leil zalgerd pex hel. Ber'xierz huox xix no xix, mud no mud, ni'xier guoz zid duox laoz. Guafhaot leil zil mel zaopzed mux.

　　Hel seitdaotzouz det nid bei sua guafhaot mel zaop baot zex vvxsit zilfvf daothe'nvd ded. Baot jiouz bal der de gerx no nvd dedbaod leid, tei zaotzi goux duiz,

---

①　本课文根据大理市白族民间同名故事综合编写。

· 156 ·

yifdaf ngvx zix, tei maftvt salber kuil, zei zef de gerd maftvt salber kuil, ce de daot ma'nvd sal ded. Baot ga nvd dedbaod leid dez he, sexgou no taol he tei zaotzi, juix mel gad de yifdaf zix, cil no ce de yifdaf xi zix. Baot ga tei maftvt nil gerd maftvt zeilmel ssvt leil ziffvf qioul bal mel, hel jiouz bal ga ma'nvd wal ded diou ni gaod leid het. Daothe'nvd leid hal de, wu sexpeil-gouyad puf guoz yef laoz. Seitdaotzouz nid leil tiou ni gaod het zid, biz zil seitngvdnvd jiax ded, zex gaod leid het da daothe'nvd no daot der. Der hel bef zil bel fv leid hua laoz, baot pel zoux yef ngvd xuixgudluf, atgerdzi hal de hel zil letle bierf get baot gerd maftvt. Seitngvdnvd ded ye bux hel, yuif der yuif zexhhep. Daothe'nvd ded der saofkux hel, pel qi yef he xuixgudluf, atgerdzi bierf get baot tei maftvt. Daothe'nvd leid ye hel zil bel fv leid sit zil guoz qi duox.

Jiaxleid nerl seitngvdnvd ded da daothe'nvd ded no der hel sal xier sal yaoz, belhhex zil daothe'nvd ded der aod duox laoz, wu zex Erxguerf Gvfbifseif belda daot zoupngerd no gei de jiax weix, yap det weix het mud qi zid, at jiad mud pia Laodcoulgvf het zid laoz. Xuix ya leil yap det weix het gaz qi zid, Deitleix ba'zit leid didmel hhet qi yef. Bel hhex pia lettal, Deitleix ba'zit leid bifvvx vvd'erp, ber'xierz huox leil guoz de hux ni'xier laoz. Ber'xierz huox cvt get seitngvdnvd ded de seif jierp, ga baot jie zil Lv'dadye no vvxzex nid.

二、生词

seitngvdnvd	小黄龙(白族传说故事形象)	ber'xierz	百姓
daothe'nvd	大黑龙(白族传说故事形象)	xix	死
seif gaodbaod	西海岸,海西	guafhaot	官家,官府
Lv'dadye	绿桃村(大理市洱海西岸村寨)	vvxsit	本事,能力
culseit	从小	zilfvf	制服
gaodnilbaof	富人	jiouz	叫;匠;酱
bafguf	长工,帮工	zaotzi	爪子
bed	浮,漂	maftvt	包子
nvdzvl	龙珠	taol	套
vaz	啊,哇	ziffvf	嘱咐,交代

续表

cil no bet xiaf	怀孕,有身孕	diou(liou)	丢,扔
mufdafzi	可怜	sexpeil-gouyad	张牙舞爪
wofpet	窝棚,草棚	puf	扑
vvt'oud	凤凰	tiou	跳
mia	淋(雨);(水)淹	biz	变;遍(量词)
daotbierkvx	蟒蛇,大蟒蛇	bef	会儿,阵子,段(时间)
atni-atni	一天天(地)	xuixgudluf	水花,水泡
guof	长(大);和,与	bierf	抛,掷
zei'niou	又,再,而且;还要	zexhhep	有劲,有力气
zitdil	俊秀(指男子)	Gvfbifseif	江风寺
nvd'oud	龙王	gei	钻(洞)
der'cil	丢失,打失	hhet	露(出),漏(水)
Gaodngv	海尾,湖尾,今下关一带	bifvvx	风雨
cel	短;堵,(堵)塞;称(赞)	vvd'erp	均匀,匀称
xioulye(xioufye)	乡村,乡邑,村寨	vvxzex	本主(神)

三、语法注解：白语的句型（单句）

单句是由短语或单个的词构成，不能再分析出分句的句子。可以分为主谓句和非主谓句。

（一）主谓句

主谓句是最常见的句型，根据相关成分的特点，又可以分为多种类型。

1. 体词谓语句：

Merlni waherl yi.　明天初一。
明日　初　一

Naot alna no?　你哪里人？
你　哪里　的（人）

2. 动词谓语句：

Baot xilxierl laoz. 他醒了。
他 醒 了

Ngaot gerf. 我害怕。
我 惊

3. 形容词谓语句：

Nial atgerdzi saofkux laoz. 我们都累了。
咱们 全部 辛苦 了

Xuix gvf qierlyel mel. 这股水很清。
水 条 清澈（的）

4. 主谓谓语句：

Sitvvx jiax ngaot ssexde. 这些事我知道。
事情这些 我 知道

Baot at yap leil hhep qioul mux. 他什么都没学好。
他 一样 也 学 好 没有

5. 连谓句：

Nial bei meid mef merz ye huovvx. 我们去门口买东西吃。
咱们去 门 助词 买 吃 东西

Baot mer ke yizyif. 他爬起来穿衣服。
他 爬 起 穿衣

6. 兼语句：

Bal yaof ngaot bei zilker. 他们邀我去做客。
他们约 我 去 做客

Laozsi sset nial werpsif. 老师叫咱们写字。
老师 让 咱们 写字

7. 存现句：

Zet zet erx zoud de nidgerf nid. 树下躲着一个人。
树 棵 下 藏 得 人家 个

Zerfzi zouf no se de sif cuer. 桌子上放着一本书。
桌子 张 上 放 得 书 册

8. 双宾句：

Ngal hhef bel mel Xiaozwap. 我们叫他小王。
我们 叫 他 宾格 小 王

·159·

Ngaot soux naot leixngvx qiert. 我送你件礼物。
我　送　你　礼物　件

9. 处置句（把字句）：
Baot ga qieil ya cil hel laoz. 他把钱丢了。
他　把 钱　些 丢 体貌 了
Bifsif ga zet zet leil pel ba. 风把树也吹倒。
风　把 树棵 也　吹 倒

10. 被动句：
Baot zuof bal der de cuil. 他被人打了一拳。
他　被 他们 打 得 拳
Seitxif mux zil zuof kuax nga. 人不小心被狗咬。
小心 不　则 被　狗　咬

11. 比较句：
包括差比句、等比句等类型。
（1）差比句。一类差比句使用汉语借词 bit "比"来表示：
Ngaot bit naot gaf. 我比你高。
我　比 你 高
另一类差比句结构是白语固有的形式，如：
Baot daot ngel doux at sua. 他大我一岁。
他　大　我　上　一 岁
（2）等比句：
Fv goux gua zoudcvt at youz. 这两支笔一样长。
笔　两　根　长　处一样
（3）其他比较句：
Nel qi'hhep aod bel　no　duox. 你力气不如他。
你的力气　赢 他　宾格 不得

（二）非主谓句

1. 动词性非主谓句：
Bei laoz! 走吧！
走　了

Sua berp！ 说白族话！
说　白

Xiaf xiaf zi. 休息一下。
闲　闲

2. 名词性非主谓句：

汉语中的类似结构一般由名词或名词性偏正短语构成。由于白语量词的独特功能，名词一般不脱离量词独立使用，因此名词性主谓句往往是一个名词+量词的结构。此外，量词可以充当中心语，因此由量词构成的数量结构也可以构成名词性非主谓句。

Alna weix？ 哪儿？
哪儿 地方

Daotbierkvx ded！ 大蟒蛇！
大　蟒 蛇 只

3. 形容词性非主谓句：

Ngerdjiet dier. 快一点。
赶紧　　点

Haof laoz. 对了。
合　了

4. 感叹词句：

At baod（bap）！ 哎呀！
哎 呀

Al laoztieix！ 老天啊！
啊 老天

四、每课一谚

Geif maox seiz kuil, gvf pia heil ded jit ded；
鸡　母　下蛋　颗　叫到　天　头　地头

merx maox zit laof, leil did cerl mux qi mux.
马　母　生骡　也 只声　无　气 无

汉语意义：母鸡下个蛋，叫天叫地；母马生骡子，不声不响。

五、练习

1. 熟读生词。
2. 熟读课文。
3. 用白语简单复述故事情节。
4. 听写重点词汇。

第三十二课　观音伏罗刹[①]

Deitsalzipnei kuol　Guaye fvf Luopca

一、课文

Beldedmef, Luopca det ded zex nial det weix zuil aof no gvx ded, baot ye nidgerf weixgerlxif, zei at sua niou ye seitdaotzouz nil nivxnazzi at ker, nerl suasua'zi niou bei zid zil jie get baot naf. Ni'xier at zoud hel zil Deitleix ba'zit leid het laofderf nidgerf leil atgerd.

Guaye laozmut qierl de hel, zuaf zil qi no seizgerf nidgerf nid, hel nerl bei zid si bal haotdvf, bei ni meid mef leil mux naf wu qierl de bal athaotzi zex haotdvf kou. Nerl Guaye sua zaop: "Nal weiyef hatleid no kou? Ngal gerlni si nal haotdfvf nerl nal xithuaf mux nil biaox?" Nerl bal zaop biaox. "Jiaxleid zil nal haotdvf zex hatya nadcvt nil mux?" Nerl zaop nil zex nivxnid nid, sua nil mel leil ssvtcvt mux. "Nal gat ngel mel wof, nerl ngaot lerz dad nal baod geit hel daox leil suix naf." "At, did jiaxleid zil ngal gat nil mel laoz. Luopca det ded baot ye nidgerf weixgerlxif, zei at sua niou ye svlzv'nivx at duiz, gerlzilsua nerl luid pia ngal no nerl niou ga ngal sual nid jiesoux get baot."

Nerl Guaye bier bal zaop alna ni soux? Bal sua zaop wu merlni laoz. Nerl Guaye sua bal mel zaop niou bet kou sa, betxiaof jiaofxif, hhexni da bal no bei.

Hhexni nerl Guaye bei zid merz de qiel dedbaod, nerl jie get luopca ded, sua zaop jiax wu nidgerf weixgerlxif ya laoz. Luopca ded ye hel hhex nerl baot zaop ye de xuid mux, baot niou ye dedmef bet zuaf. Jiaxleid hel nerl Guaye wu xieithual qi yef

---

[①] 大理挖色白族民间故事，王富先生讲述，赵彦婕、王锋记录整理。选入本教材时，作了较多改写。

· 163 ·

laoz, sua bel mel zaop: "Ngaot da nel no zaofyi zaofyi, naot jiaxleid ye zex haof mux. Nial goux nid nerl sal dut kerl, ngaot did aod nel no duox nerl ngel jie'luap-baozdil leid cil get naot. Naot aod ngel no duox nerl ngaot did niou nel mel jitfvf seitmif atdierlzi." "Niou jil atdierl nil?" "Ngel vvt no ngvdkuax ded tiou at guox, nerl tiou de zoudcvt jilxioux wu jilxioux; ngel vvt dedbaofyif yaod pix at pix, pix pia na weix nerl kua'cvt leil pia na weix." Luopca ded xif mel xithuaf laoz, nerl baot zaop: "Nial belhhex leil duox le, nial niou qierx Bifgef dalwap werp no sif zouf." Sif ya werp geif Lulwerl leid bel diet no, werp sif no jitweix nil fv gua dettal nerl zex Erxgeifye det weix.

Belhhex nerl bal goux nid dou'faf, Guaye no faflif gaf, Luopca ded bit aod Guaye no duox. Nerl Guaye no kuax ded tiou at guox zil yap Douxguerf tiou pia Erxguerf, dedbaofyif yaod pix hel at pix zil yap Gaoddvf pix qi pia Gaodseif. Wu jiaxleid zil ga dettal no Deitleix ba'zit leid pix jia laoz. Hel Luopca ded leil he yaof, baot zaop: "Ngaot nerl zaop nel kuax ded tiou at tiou zil tiou de laof dierl, dettal ga ngel heiljit leid leil tiou wot laoz, dedbaofyif yaod pix at pix zil zeilmel yap Gaoddvf pix pia Gaodseif." Leil he nerl Guaye zaop: "Zaox, zaox, zaox, naot did leil nerl naot dap ngel sextatmaox tat wa'baod no tiou ni ketbaod, naot did tiou guoz ngerd daox nerl sui naot aod, ngel jie'luap-baozdil leid dil nei get naot, naot did tiou guoz ngerd duox zil lei nel yui'qi hei laoz." Luopca ded zap de dafnidzi vvxsit aod Guaye no duox, dafyet mux leil duox laoz. Dex baot tiou bettal, Guaye ga sextatmaox tat biz zil ngerdzoup gert, ga Luopca ded ya geif erxmiz no.

Betzidzi Luopca ded ga bel zeip pit zid qi yef, xiat ga nial gaod gaod no cel he baot, nvf ha nial ber'xierz huox. Hel Guaye suaf de tei'xuix guof jiaof guoz ngerd, ga bel zeip pit lui zil sv yaz zid hel. Guaye goup tei'xuix jiaof tei'xuix cvt wu zex hel dettal no Kalnaz Guaye gaof leid belda laoz. Ga Luopca der tel hel no jitfvf wu dettal no Douxyoudqil belda, baot zid qi no zeip pit wu dettal Hexjieix no Gaodzeip bet pit.

Luopca sazfv Guaye mel zaop: "Set ngaot hattal didmel bei qi daox?" Guaye zaop: "Pia tei'zet keil huof, merx ded herl gv, bif kuil no zoup zvd bet ni zil ziz qi naot laoz." Jiax zex at leid leil zerd zif hel duox, wu gez baot zei leil bei qi yef hei seizgerfnid duox laoz.

Jiaxleid hel nerl nial Deitleix ba'zi guoz de hux ni'xier laoz, ber'xierz huox nidnidzi bei ga yef berz Guaye, youtjierf, belhhex nerl zilsefyihuox leil bei zef ga'ged-ga'merz, at ni zei'bit ni weifni, hel zex belda ap de zix zix, wu zex dettal no Salwa'zix laoz.

二、生词

Guaye	观音	Bifgef	宾居(宾川古称)
Guaye laozmut (Gualyelmaox)	观音老母	Lulwerl	鹿鹅山(洱海东岸挖色山名)
fvf	飞;分(开);分(量词,钱、重量等);伏(近现代汉语借词)	Erxgeifye	下鸡邑(大理市洱海西岸村名)
Luopca	罗刹(神话故事中的恶魔)	dou'faf	斗法
aof	恶,凶恶;喂(食、药)	faflif	法力
gvx	鬼,魔鬼	Gaoddvf	海东
weixgerlxif	眼珠	Gaodseif	海西
seizgerf	世间,凡间	dap	从;踩,踏
kou	哭	wa'baod (wamiz)	外边,外面
weiyef	因为	ketbaod	里边
nadcvt	难处,困难	yui'qi	运气
ssvtcvt	用处,作用	dafyet	答应
wof	吧(祈使语气)	gert	块(量词,石头等);撬
suix	不知,不懂	erxmiz	下面
luid	轮(流);(庄稼)因长太好而不结果	betzidzi	那时,当时
laofderf	瞎(眼),(目)盲	ha	(打)死
soux	送;养育	jiaof	浇,泼;交(给);挂念,焦(心)
jiesoux	敬送,敬献	lui	烫
hhexni	后一天,第二天	sv	缩
dedmef	以前,从前	goup	熬(酒、糖);(鸟等)飞落
xieithual	显化	Kalnaz	康廊(大理市挖色村名)
zaofyi	商议,商量	Guayegaof	观音阁
dut	赌(赛)	Youdqil	阳溪(苍山十八溪之一)

续表

kerl	(一)场,(一)跤	Douxyoudqil	上阳溪(大理村名)
jie'luap-baozdil	金銮宝殿	Gaodzeip	海舌(喜洲地名)
seitmif(mil)	小小的	hattal	何时
vvt	…的(所有格)	tei'zet	铁树
guox	(一大)步;(包)裹	zvd	虫
zoudcvt	长度	berz	拜(佛);把(量词,梯子、连枷等)
dedbaof	和尚	youtjierf	诵经
dedbaofyif	袈裟	weifni	热闹
pix	披;秕(谷)	ap	设(置)、开设;合(得上),合缝
kua	宽;采摘	Salwa'zix	三月街
kua'cvt	宽度	lei(leil)	赖,耍赖

三、语法注解：白语的句型（复句）

（一）联合复句

1. 并列关系：

Baot kux hhexzix, zei kux qioutbia.
他　好　喝酒　又　好　玩钱
他又爱喝酒，又爱赌博。

Zi'nid huox berdjit, nivxnid huox fvlguod.
男人些　耙　田　女人　些　插秧
男人耙田，女人插秧。

2. 顺承关系：

Ngel maox ga cal zuix zil qioul hel, nerl zei bei weiz deip.
我　妈　把　饭　嘴　做　好体貌 连词再去　喂　猪
我妈妈做好了饭，接着又去喂猪。

Nial ga meid seiz suox he, meldid bei wamiz no xiaf.
咱们把门　扇　锁起　才　走　外面 处所 闲
咱们先把门锁好，再去外面闲。

3. 解说关系：

Baot zex zi goux ded, at ded bia sua, at ded ngvx sua.
他　有子两　个　一个　八岁　一个　五　岁
他有两个儿子，一个八岁，一个五岁。

4. 选择关系：

Mux nerl svlzv'nivx derjia, mux nerl wu daotnid dier salhhe.
不是　呢　小孩子　打架　不是呢就　大　人　些　相骂
不是小孩打架，就是大人吵架。

5. 递进关系：

Svlzv'nivx dier leil ye bux duox, daot nid huox zil sua zup laoz.
小孩子　些　都　吃饱不得　大　人　些　就　说不消了
小孩子都吃不饱，就更不要说大人了。

Almil det leid baot gerf kuax mux, baot zei yad get kuax leid hel cuax.
猫　这只 它　怕　狗　不　它　还 抓 给 狗　只 体貌 把
这只猫不怕狗，还抓了狗一把。

(二) 偏正复句

1. 转折关系：

Cal leil ye de mux naf, nerl ngaot leil jilka mux.
早饭还 吃得 没有还　连词 我　也　饥渴 不
早饭还没有吃，但我也不饿。

Baot didzex zip sua, nerl bel qi'hhep feix daot.
他　只有　十 岁　连词他的力气　很　大
他只有十岁，但他的力气不小。

2. 条件关系：

Didniou naot li'li zil, naot yid de qieil daox le.
只　要　你　好好做你　寻 到　钱　得 语气
只要你好好干，你会挣到钱的。

Naot zeilmel jiat leil duox, baot at cerl leil qierl mux.
你　怎么　讲也　不行　他　一声也　听　不
不管你怎么说，他就是不听。

· 167 ·

3. 假设关系：

Ngaot did meix bei yaz yef, nal xieix ye cal daox laoz.
我 要是 晚 走 回 来 你们 先 吃饭 得 了
我要是回来晚，你们就先吃饭。

Merlni wu oud vvxxi, ngaot leil niou ngerd svz no naf.
明 天 就是 下 雨 我 也 要 去 山上 语气
明天就是下雨，我还是要上山。

4. 因果关系：

Baot hhep guoz sif mux, nerl baot sua haz sua qioul duox.
他 学 过 书没有 连词 他 说 汉 说 好 不得
他没有读过书，因此不会说汉语。

5. 目的复句：

Baot zil sefyi yid qieil, nerl wu xiat bei yaz cvt haot.
他 做 生意 找 钱 连词 就 想 走 回 盖 房
他做生意赚钱，就是想回去盖房子。

四、每课一谚

Bet gerf se tux mux,
不 怕 认 路 不
cux gerf bier tux mux。
就 怕 问 路 不

汉语意义：不怕不识路，就怕不问路。
注释：不论在生活中还是在学习上，要养成不懂就问的好习惯。

五、练习

1. 熟读生词。
2. 熟读课文，并用白语简单复述故事。
3. 听写重点单词。

附录一　白族文字方案（草案）

（云南省少数民族语文指导工作委员会，1993年6月18日）

Baipngvzsif fa'al

白文采用拉丁字母为字母形式。拉丁字母又称"罗马字母"，是公元前六七世纪意大利半岛拉丁族所创制。拉丁字母的祖先可以追溯至公元前1000年左右的腓尼基字母。拉丁字母最初只有20个字母，后来逐渐增加到26个。由于它字形简单、清楚，便于认读书写，流传甚广，逐渐发展成为世界通行的字母形式。1957年国务院批准的《关于少数民族文字方案中设计字母的几项原则》规定："少数民族创制文字应该以拉丁字母为基础"，"少数民族语言和汉语相同或相近的音，尽可能用汉语拼音方案中相当的字母表示"。因此，20世纪50年代中期新创制的各少数民族设计的文字方案，包括白文方案在内，都是以拉丁字母为基础的。

拼音白文的制订和推行大体经历了三个阶段。

20世纪50年代，中国科学院派出少数民族语言调查第三工作组白语组，深入云南全省各个白族聚居区开展语言调查，并在语言调查的基础上，于1958年设计出了《白族文字方案》（草案）。这个方案是遵照国务院批准的关于少数民族文字方案中设计字母的五项原则制订的，字母形式采用拉丁字母，白语中和汉语相同或相近的音，都用和汉语拼音方案中相同的字母表示。该方案共26个字母，字母次序、名称、书写方法、读音均和汉语拼音方案相同，有23个声母，31个韵母，7个声调分别采用7个辅音表示。该方案在国家民委和中国科学院召开的"第二次全国民族语文科学讨论会"上讨论通过。由于受到"左"的路线的影响，该方案没有得到推行。

改革开放以后，白文的推广工作重新提上日程。1982年，在1958年方案的基本框架内，对《白族文字方案》（草案）进行了修订和改进。主要的修订内容有：文字的基础方言由原来的南部方言调整为中部方言，标准音点由原来的下关话调整为剑川金华镇话；以中部方言为基础，适当兼顾南、北两个方言；由于南部方言和中部方言在声、韵、调上都有不小的差异，为准确书写剑川白语，在声、韵、调方面，该方案在1958年方案的基础上作了较大的改动。声母由原来的23个调整为27个，声调由原来的7个调整为8个。主要是新增加了鼻化韵以及紧喉高平调等。该方案在白族地区进行了推行，在剑川等地取得了较好的社会效果。

1993年6月，云南省少数民族语文指导委员会组织召开"白族语言文字问题科学讨论会"，云南省政府相关部门、大理白族自治州政府以及来自北京、云南、大理的学者专家参加了会议。会议总结了40年的白族语文工作，对白族语言文字工作进行了新的调整。1993年的白族语言文字方案相比起前两个方案来说，有了很大的不同。该方案不再强调是以南部方言还是中部方言为主，而是吸收了前两个方案的优点，按照求大同存小异的原则，以一套方案兼顾两大方言为出发点，将1958年和1982年各有一个基础方言和标准音点的方案调整为两个基础方言和两个标准音点并存的新方案。同时对一些字母符号（特别是声调符号）作了修订。

该文字方案制订以后，受到各界群众的欢迎，也进行了一些试验和推广工作。在剑川的小学中，开展了多年的双语文教育试验，由剑川县教育局、云南民族出版社编写出版了相应的正式白文教材，目前已出版了第一、二册，收到了很好的教学效果。大理地区也开办了白文学校。云南民族出版社陆续出版了多种曲本、唱词以及白族民歌、谚语等白文读物。推行工作取得了一定的成绩。

《白族文字方案》（草案）

（1993年6月18日）

第一条　白族文字方案（简称白文方案）遵照国务院批准的关于少数民族文字方案中设计字母的五项原则制定。字母形式采用拉丁字母，白语中与汉语相同或相近的音，用与汉语音方案相同的字母表示。

第二条　采用同一方案拼写两个方言。南部方言以大理喜洲的语音为代表；中部方言以剑川金华的语音为代表；以下简称"南部""中部"方言。

第三条　白文字母共有26个。

中 编

(1) 白文字母表的印刷体如下：

大写	A	B	C	D	E	F	G	H	I
小写	a	b	c	d	e	f	g	h	i
大写	J	K	L	M	N	O	P	Q	R
小写	j	k	l	m	n	o	p	q	r
大写	S	T	U	V	W	X	Y	Z	
小写	s	t	u	v	w	x	y	z	

白文字母的手写体和汉语拼音方案相同。

(2) 字母名称（读法与汉语拼音字母名称相同）：

字母	a	b	c	d	e	f	g
名称	(a)	(bei)	(cei)	(dei)	(e)	(eif)	(gei)
字母	h	i	j	k	l	m	n
名称	(ha)	(yi)	(jei)	(kei)	(eil)	(eim)	(nei)
字母	o	p	q	r	s	t	
名称	(o)	(pei)	(qiu)	(ar)	(eis)	(tei)	
字母	u	v	w	x	y	z	
名称	(u)	(vei)	(wa)	(xi)	(ya)	(zei)	

第四条 白文声母共有 23 个，其形体及读音列表如下：

声母字母	国际音标	例词	
		白文	汉义
b	p	ba	大碗
p	ph	pa	踢
m	m	ma	稻草
f	f	fv	六
v	v	vaf	袜
d	t	da	与、和

· 171 ·

续表

声母字母	国际音标	例词 白文	例词 汉义
t	th	ta	盖（被）
n	n	na	纳（鞋底）
l	l	la	腊（肉）
g	k	ga	仓库
k	kh	ka	渴
ng	ŋ	nga	咬
h	x	ha	扒（吃饭）
hh	ɣ	hhep	学
j	tɕ	ja	接
q	tɕh	qa	贴
ni	ȵ	nia	明亮
x	ɕ	xa	杀
y	j	ya	回
z	ts	za	砸
c	tsh	ca	叉
s	s	sa	撒
ss	z	ssit	二（二月）

说明：为拼写其他方言土语及汉语普通话借词，另设 zh [tʂ]、ch [tʂh]、sh [ʂ]、r [ʐ] 4 个声母。因为现代汉语普通话借词中卷舌音声母均变成相应的平舌音声母。即使在被借入其他方言土语时，卷舌音声母也常常变为平舌音声母。所以，归纳及制定 23 个白文声母时，没有把这 4 个声母列入。一般来说，这 4 个声母很少用。

第五条　白文韵母共有 37 个，其形体及读音列表如下：①

---

① 编者按：方案中的复韵母缺 iei。本教程在教学实践中已补充。

韵母		国际音标	例词	
			白文	汉义
单韵母	i	i	bix	低、矮
	ei	e	bei	去、走
	ai	ɛ	taip	台
	a	a	bax	泡沫
	o	o	box	簸
单韵母	u	u	kux	善于
	e	ɯ	bex	水塘
	v	v	kvx	蛇
复韵母	iai	iɛ	biai	边、问
	ia	ia	bia	端（动）
	iao	iau	miaofgeif	阉鸡
	io	io	biox	不是
	iou	iou	miouz	直
	ie	iɯ	miex	束
	ui	ui	huix	火
	uai	uɛ	guaiz	坏了
	ua	ua	gua	蕨菜
	uo	uo	guof	各
	ao	au	gaox	高
	ou	ou	ou	浇

说明：①南部方言有三个儿话韵母：er［e˞］、ier［ie˞］、uer［ue˞］，分别与中部方言 ai［ɛ］、ain［ɛ̃］、iai［iɛ］、iain［iɛ̃］、uai［uɛ］、uain［uɛ̃］对应。例如：

汉义	南部方言读音	中部方言读音
淡（味淡）	bierp	biaip
偏斜	pierl	piail
命	mierz	miaip
瓦	werz	wainp
歪	kuerl	kuail
逛	guerx	guainx
寡	guerx	guaix

②中部方言有一套鼻化韵母，以加 n 表示（m、n、ŋ 作声母的音节不加）。它与南部方言的口元音韵母对应。中部方言的鼻化韵母分鼻化单韵母和鼻化复韵母。两种鼻化韵母列表如下：

白文		例词汉义	中部方言读音	南部方言读音
鼻化单韵母	in	梅子	jinx	jeix
	ein	晚饭	beinx	beix
	ain	掰	bainl	baif
	an	丈	zant	zaz
	on	美好	qonl	qoul
	en	次	benl	bef
	vn	东	dvnl	dvf
鼻化复韵母	iain	扁	biainx	bierx
	ian	猪大口吞吃	bianp	biap
	ion	面貌	pionl	pioul
	ien	冰	bienl	bie
	uin	远	duinx	duix
	uain	游逛	guainx	guerx
	uan	裤	guanl	guaf

③字母 v 有两用：在音节开头时为声母 [v]，在音节中间时为韵母 [v]。例如：vvxxi "雨"、vvd "疯"，第一个 v 是声母，第二个 v 是韵母；ʙaipkv "白曲"、dvf "东"、tvl "通"，是韵母。

④韵母 ui 亦有两用：在声母 j、q、x、y 后时，读单元音 [y]，例如：juix "嘴"、quit "烙"、xuix "水"，在其他情况下读复元音 [ui]。

⑤为了避免词儿连写的混淆，凡 u 开头的音节，要把 u 改为 w。例如 uap→wap "核"、uerp→werp "写"、uix→wix "眼"、uof→wof。

⑥韵母 i 有变体 [ɿ]，它只与声母 z、c、s、ss 结合。例如：zilfvl "棕树"、cil "遗失"、six "麻"、ssitkuil "饵块"、zil cal "做错"。

⑦韵母 ao、uo、ou 主要存在于南部方言，与中部方言 o [o] 对应。拼写汉语借词时两个方言统一用这组韵母。

第六条　白文声调。白语南、中两个方言各有 8 个声调，相同的有 7 个，

· 174 ·

不同的有 1 个。白文表示法列表如下：

调名	调号		调值		松紧情况		例词	
	南	中	南	中	南	中	南	中
l 调	l	l	55	55	松	松	jilguil 犁头	
b 调		b		55		紧		jib 继
f 调	f		35		松		jifjif 积极	
x 调	x		33		松		jix 拉	
省标调			44		紧		ji 蛭	
z 调	z		32		松		jiz 渗	
t 调	t		31		松		jit 田	
p 调	p		42		紧		jip 侄	
d 调	d		21		紧		jid 旗	

说明：

①调名读音按字母读音加"调"。调名字母与调号相同。

②调的松、紧由韵母的松喉元音和紧喉元音而来。除 d 调无对立的松喉调外，中部方言有对立的三对松、紧喉调，即 l 调对 d 调，x 调对省标调，t 调对 p 调。南部方言有对立的两对松、紧喉调，即 x 调对省标调，t 调对 p 调。紧喉调的标志是调号字母都带有圆形圈，即 b、p、d。

③中部方言的 b 调为汉语借词声调。南部方言无此调，汉语去声调借词仍读 l 调。

④南部方言有 z 调，中部方言无此调。

第七条　拼写规则

（1）词的连写和分写

多音节单纯词连写，复合词一般分写。① 例如：golleizi "蝴蝶"（单纯词），golleizi ded "一只蝴蝶"（有定指单位的复合词），yeifcilkvl "翅膀"（单

---

① 编者按：《白族文字方案》（草案）规定复合词（应为"合成词"，包括重叠词、派生词和复合词三类）一般分写，但通过书写实践看，合成词连写有利于认读。因此，本教材中的合成词一般连写，包括（1）带前加成分的派生词；（2）带后加成分的派生词；（3）并列式复合词；（4）偏正式复合词；（5）动宾式复合词；（6）主谓式复合词；（7）动补式复合词；（8）通称加专称的复合词；（9）先重叠再加附加成分的复合词；（10）现代汉语借入的复合词。

纯词），yeifcilkvl zad（一双）"翅膀"（有定指单位的复合词）。

（2）四音格词不论何种结构形式，均以两个音节为连写单位，中间加短横"-"。例如：

heilmerd-daotter 雷鸣电闪（南）
hainllod-hainlbanp 生龙活虎（中）
geildeip-ngedmaix 鸡猪牛马（中）
yeye-gaga 快吃状

（3）大写字母用法

人名、地名、专有名词的姓氏、专名、通名的第一个字母大写。地名、专有名词例词看附录"白文样品"，人名的具体写法如：

Zaol zilhuap （南）赵志华　　Atkuaxzi 阿狗子
Litsvxjib （中）李书记　　　Laotwanp （中）老王
Litsvjil （南）李书记　　　Laozwap （南）老王

句子、诗行的第一个字母大写，例子参看后面"白文样品"。

专有名词缩写按词的第一个字母大写。例如：

D. B. Z. Z　大理白族自治州

D. Z　大理白族自治州　　　　B. Z　白州

D. B. Z. Z. SS. D. D　大理白族自治州人民代表大会

SS. D　人大　　　　　　　　Z. X　政协

D. S　大理市　　　E. X　洱源县　　　H. X　鹤庆县

J. X　剑川县　　　Y. X　云龙县

（4）移行符号

移行按音节移，后加短横"-"。例如：

……………cil-

get…………

（5）为了有利于形成共同语言，对以下几个专有名词或出现频率极高的词形，有必要进行初步规范，南、中两大方言在调的读法上稍有差异，但词形书写可以保持一致。

①"白族"的白语词形为"Baipho"，汉字白读的词形为"Baifcuf"。

②"大理"词形为"Dallit"。

③"自治州"词形为"zilzilzou"。

④"不"词形为"mux"。

176

⑤后缀"子"的词形为"zi",如 Baipzi"白子"、geifzi ded"一只小鸡"。

⑥"的"的词形为"no"。

第八条 标点符号、隔音符号、阿拉伯数字、计量单位、引文、专业名词符号的用法与汉语文的有关规定相同。

附录:白文样品(一)

Berp milwa kv
(南部方言)

Berp milwa zil berp jix jix,

Gou no zou de berp ngeid jix.

Cil no yeiz de berp yif koul,

Baiz zif youd beid sei.

Berpherl-berpssit ye fv het,

Berpdoud-berpsoul niou sua qi.

Berpzoupnihet nidgerf jif,

Berp milwa salhui.

Baip milngua kv
(中部方言)

Baip milngua zi baip jix jix,

Go no zo de baip ngeid jinx.

Cainl no yip de baip yil konl,

Baip zail yond beid sei.

Baiphail - baipssit ye fv het,

Baipdond - baipsonl mia sua qi.

Baip zop yon zi yindgail jil,

Baip milngua sanlhui.

月亮调

白姐白妹白月亮,漂白衣裳穿身上。

背后披张白羊皮,白鞋白晃晃。

大白米饭腹中藏,白言白语不声张。
白天人多不好见,相会月光下。

白文样品(二)

Celhuf baipsif

(南部方言)

Baipho nidgerf zex 159 ngvt xuiz dier, zvtyaol gvz hel Ngvdnalset no Dallit Baifcuf zilzilzou lil Nulja Lifsufcuf zilzilzou. Belded mef Baipngvz zi no sif mux, xif mel zaf sif nadgoz. Zex Baipngvzzi sif hel zil, ngal ssvt bot saot map、ji sitvx、werp xiel、ji Baip kv、hhep haz ngvzzi sif, duil tipgao ngal Baipho no vephual sulzif bel huxcvt zaf sif jif.

Cenlzan baipngvpzisvl

(中部方言)

Baipho yindgail zex 159 ngvp nol jai, zvt yaob gvp gaip zil Ngvdnalsent no Da'lit Baifcuf zilzilzoux yinl Nuljianx Lipsuxcuf zilzilzoux het. Dedgeltanl, Baipngvpzi no svl yaf mux, zafsil no yinlgud. Baipngvpzisvl zex lap hhex zil, ngal yonp mot saot map、ji saitvx、vaip xien、ji Baipkv、hhep Hanpngvpzisvl, duib tipgaox ngal Baipho mal venphuab subzif zopgua zex mel xot cvt.

白文赞

白族有159万多人,主要居住在云南省大理白族自治州和怒江傈僳族自治州。从前,白族没有表达本民族语言的文字,深深感受到没有文字的痛苦。现在有了白族文字,我们用它扫盲、记事、写信、记录白曲、学习汉语文,对提高白族的文化素质很有好处。

(本方案原载《云南民族语文》1993年第3期)

附录二：课文汉译

第八课《学习歌》
欢欢喜喜到学校，
认认真真来读书。
老师父母寄厚望，
读书要用心。

风吹雨打都不怕，
知识一天比天多。
今天再开一双眼，
白语写文字。

第九课《问候》
A：大伯，您要去哪里？
B：我去喜洲。
A：您早饭吃了吗？
B：吃了。你是哪里人？
A：我是剑川的。
B：你叫什么名字？
A：我姓段，名叫段阿鹏。
B：你来大理做什么事情？
A：我来旅游。
B：你自己一个人吗？
A：不是，我们有三个人。
B：今天你们要去哪里游览？

A：今天我们想去城里（大理古城）。

B：那你们去吧，古城里好玩的。

A：是的。那您慢走。

B：好，再见。

第十课《人称和亲属称谓》

A：阿鹏呢？

B：他在家里。

A：这人是谁？

B：这是阿鹏他爹。

A：那位呢？

B：那位是他的叔叔。

A：在他家闲的那两位是谁？

B：那是他的舅舅和舅妈。

A：他哥哥是干什么的？

B：他哥哥做木匠活。

A：他的家里还有什么人？

B：他家里还有爷爷、奶奶、妈妈、姐姐、妹妹，还有两个侄子。

A：他爷爷奶奶身体健康吗？

B：他们80岁了，身体没毛病，很健康。有子有孙，他们也过得开心。

A：他的姑妈呢？

B：他的姑妈已经出嫁了，姑父是周城的。

A：他的哥哥成家了吗？

B：准备成家，但还没结婚办喜事。

A：他大姐出嫁了吗？

B：他姐姐招了个上门女婿。

A：他们一家人过得很热闹（红火）。

第十一课《白字歌》：

白月亮啊白姐姐，

脚上穿着白绣鞋，

身上穿着白衣裳，

雪白绵羊皮。

雪白米饭吃肚里，
直白话儿莫说出。
大白天里人太多，
月夜再相会。

第十二课《地理环境》：
A：咱们大理坝子是个好地方。
B：为什么这样说？
A：您看看，东面有清澈的洱海，西面有高大雄伟的点苍山，十九座山峰之间流下来十八条溪水，南面有下关，北面有上关，中间是个大平坝。十一腊月也不冷，七八月也不热，一年十二月，（气候）温暖如春，人们过得很舒适。
B：说得对，现在很多人想来大理旅游呢。

第十三课《人的身体》：
A：人的身体用白族话怎么说？
B：咱们从上往下说。头上有头发，脸上有眉毛、眼睛、鼻子、面颊、腮帮、耳朵、下巴，嘴巴，嘴巴里有牙齿、和舌头。男人还长着一嘴胡子。
A：脖子下面呢？
B：脖子里有喉咙，男人有喉结。脖子下面是肩膀，躯干前面是胸口和乳房，后面是脊背，肚子里有肠胃还有心肝肺。肚子下面是腰杆和臀部（屁股）。
A：还有手脚呢？
B：是了，还有手臂、手肘、手腕、手掌心、手指头、手指甲。腿上有大腿、小腿、膝盖、胫骨、腿肚子、脚腕、脚掌心、脚背、脚趾头、脚趾甲。
A：其他还有吗？
B：对了，人身上还有肉、筋、血、骨头。
B：名字这么多，要用心记呢。
A：是了。咱们都好好学。

第十四课《十二月调》：
正月里来过春节，

二月里来迎释迦，

三月里来三月三，

四月里来绕三灵，

五月栽秧忙，

六月火把祝丰年，

七月谷抽穗，

八月谷低头，

九月谷成一串串，

十月谷成一捆捆，

十一月里冬至节，

腊月吃猪肉。

第十五课《饮食习俗》：

A：你们这里一天吃几顿？

B：闲的时候吃早饭和晚饭两顿，干活的时候吃四五顿。早上吃早点，上午吃午饭，正午吃晌午，下午吃晚饭，夜里再吃宵夜。

A：你们午饭晚饭吃什么多？

B：午饭晚饭呢我们吃米饭多。

A：你们爱吃什么菜？

B：肉呢，我们吃猪肉和鸡肉。牛肉、羊肉、鸭肉吃得少。我们杀猪是火烧去毛，所以（靠皮的）肉也可生吃的，汉语喊"生皮"，是白族最出名的菜肴。我们海里有鱼、虾、螺蛳，其中弓鱼非常有名。用辣子、木瓜或是炖梅煮海鱼，汉语名叫"酸辣鱼"，麻麻辣辣又有点酸，我们很喜欢吃。

A：你们爱吃甜的吗？

B：也吃的，但我们吃酸的多。酸腌菜天天吃。还用辣椒、杨梅酱做成蘸水，蘸着蘸水吃生皮、茄子、洋芋等。

A：早点和晌午你们吃些什么呢？

B：点心晌午吃饵块、饵丝、米线、豌豆粉、馒头、粑粑、面条。烧饵块、凉米线呢很好吃，人人都爱吃。

A：是了，听得都流口水了。

B：来大理玩吧，我请你吃。

第十六课《白族》：

我们白族有一百九十多万人，主要居住在云南省大理白族自治州，云南省其他地区及湖南、贵州也有白族分布。从前，我们自称"白子""白人""白伙"，汉族、纳西族、傈僳族分别称我们为"民家""那马""勒墨"。1956年，成立了大理白族自治州，统一称为"白族"。

白族生活的地方，有点苍山、老君山等高山，有澜沧江、怒江、金沙江等大河，还有洱海、剑湖、茈碧湖、天池等高原湖泊，白族人就居住在山间湖畔的坝子里。大理、鹤庆、剑川、祥云，都是十分富庶的坝子。

白族地区风景优美，气候温和，古语说："天气常如二三月，花香不断四时春。"

白族地区物产也很丰富，铁、铜、铅、锡、盐、大理石等，很早以前就已经开采了。

白族地方历史悠久，文化发达。白族人自古以来重视文化教育，出了很多人才，大理白族自治州有重点文物差不多300处，在全国民族自治州里首屈一指，因此，大理被称为"文献名邦"。白族人聪明勤劳，种田、划船捕鱼、做生意、赶马，样样都会做。4000多年前已经学会种植水稻，现在种植着水稻、玉米、小麦、大麦、蚕豆、油菜等农作物。白族女性也很能干，她们除了做家务、农活，也很会做买卖。白族男性在种田之余，还要外出做副业活计，因此出了很多工匠，银匠、木匠、石匠、泥水匠都很有名。

千百年来，白族人热爱国家，与兄弟民族和睦相处，密切交流，为祖国的历史发展做出了重要贡献。

现在，党和国家的政策好，白族和其他兄弟民族一样，生活过得一天比一天好。

第十七课《岁时》：

A：我在书上看到，古时候，白族人有自己的历法的。

B：我也听说过，说烧火把那天恐怕就是古时候的元旦。

A：古代历法后来没有使用流传了。现在大家用公历用得多。

B：以前农历也用得多的。

A：是了，一年十二月，月份有大月小月，大月30天，小月29天。还有闰年闰月。

B：农历的月份怎么叫？

A：正月、二月、三月、四月、……、十一月（冬月）、腊月。

B：每一个月的日子怎么说？

A：初一日、初二日、……一直到初十日，然后是十一、十二、十三……一直到三十日。

B：那年份怎么记？

A：用天干地支，白语叫"十二属"。就是：鼠、牛、虎、兔、龙、蛇、马、羊、猴、鸡、狗、猪。每十二年叫一巡。

B：这样的话我明白了，我是属兔那年生的。那么最近这些年份怎么称呼？

A：大前年、前年、去年、今年、明年、后年。

B：日子呢？

A：大前天、前天、昨天、今天、明天、后天、大后天、大大后天。

B：一天里的时间怎么叫？

A：老人这么说：半夜三更、鸡叫时分、天亮、早上、上午、午饭时、中午、晌午时间、下午、晚饭时、天黑、睡觉时、夜里。现在年轻人都说几点钟了。

B：这样的话那就都学会了。明天天气好，咱们爬山去好吗？

A：今天、明天、后天三天我都有课，大后天是星期天，我们那时再去。

B：好，我们大后天早上 8 点钟去。

第十八课《学习及文具》：

A：咱们都是学生。

B：白族人喜欢读书。

A：是了，家里再难也不怕。白族有句古话说，拆房子卖也要供孩子去学校读书。

B：说得对，因为这，白族出了很多人才。

A：现在读书和以前相比，很多都不一样了。

B：是，我爸爸他们读书时，没钱买书，也没现在这么多书。

A：他们那时候写字还用毛笔，在砚台里蘸着墨汁写。

B：现在笔可多了，有铅笔、圆珠笔、钢笔，什么都有。铅笔都有好多种。墨水也有黑色、蓝色和红色的。但是大人写字比我们写得好。

A：以前只有白棉纸，现在有各种各样的纸、信笺纸等。

B：文具还有尺子、橡皮、半圆、三角板、圆规等。

A：他们那时候做算术和算账都用算盘。

B：算盘我们都没用过了，我们现在用计算器、电脑了。

A：那时候没有电脑，什么都要朗读和背诵，要不就拿笔记下来。

B：那时候课也少，就是语文和算术。

A：现在有语文、数学、英语、地理、历史、自然、化学、物理，科目多，学的东西也多，只是考试有点累。

B：他们那时读到小学、中学，现在我们要读到大学，硕士、博士也很多。

A：是了，到上课时间了，我们去教室吧。

第十九课《泥鳅调（鱼调）》：
小青鱼儿吓一跳，
有了地盘无水井；
有了水井无地盘，
藏在水草下。
一直藏着饿不住，
一游出来被人捉；
把我捉进鱼篓里，
生剥又生洗。
把我摆在街心上，
太阳把我眼晒红；
有钱之人来买走，
刮刮又涮涮。
丈夫说是要煎吃，
老婆说是拿来腌；
把我摆到桌子上，
你请又我请。
鱼头鱼肉全吃掉，
鱼刺鱼鳞丢满地；
猫咪跑来叼鱼刺，
逗起狗咬架。
捉我那人倾家产，
卖我那个做叫花；

撒大网者亏大钱，

号哭讨生活。

第二十课《天气》：

A：昨天夜里下了一场雨。

B：是了。昨天一整天天阴，晚上打雷，闪电，下大雨，很吓人。

A：今天早上雨停了，天也晴开了，还有彩虹。

B：白天天是晴的，太阳很辣，很晒。

A：下雨后出太阳有点闷热。

B：是，出汗了，咱们躲到阴凉处。

A：咱们大理这样的天气少。这里一年不太热，也不太冷。

B：是，冬天也只是有几天下霜，很少会下雪。

A：小时候冬天水里会结冰，现在没有了。

B：是，现在比小时候更暖和了。

A：这几年都有点旱。

B：咱们这里冬天和春天旱，七八月雨水多。所以白族谚语说：正月下雪，黄狗吃白米。七月半，海涨水。

A：山上那些是雾吗？

B：不是，那是云。

A：看云能看出会不会下雨吗？

A：可以的。白族谚语说，云往北，晒大麦，云往南，下大雨。

B：风呢？

A：白族谚语说：北风加南风，三天三夜雨不停。

B：还有什么事情可以看出天气好坏？

A：白族谚语还说，蚂蚁搬家，出门带伞。鸡晒翅膀，明天天好。

B：说得真好，真的是这样呢！

第二十一课《打电话》：

A：喂！

B：喂！

A：您是哪位？

B：我是阿鹏的奶奶。

A：请问，阿鹏的哥哥在家吗？

B：我耳朵背，听不清，您说话声音大一点。

A：奶奶，这会能听清楚了吗？

B：听清了，您是哪位？

A：我是阿龙，我是周城的。

B：您找谁？

A：我找阿鹏的哥哥，请您帮我叫他一下。

B：您是阿鹏的朋友吗？

A：不是，我和阿鹏的哥哥在一起工作。

B：您找他有什么事情？

A：我想约他大后天去双廊一趟。

B：他不在家，他和他爸爸去龙街赶街去了，去买建房子的椽子、柱子和大梁，回来可能要晚。

A：没关系，我可以明天再给他打电话。

B：要不我叫他给您回电话？

A：也可以的，我的电话号码他知道的。

B：您还要给他留什么话吗？

A：没有了，谢谢您。

B：来家里玩吧！

A：好，以后再进来玩。您也身体健康！

B：谢谢，那就说到这里，再见。

A：好，奶奶再见。

第二十二课《购物》：

A：您来赶街是吗？

B：是了。想买几样东西。

A：您想买什么东西？这边卖的是布、被子、帽子、衣裤、鞋、袜子等，那边卖得的是砂糖、茶叶、酒水等，您自己慢慢挑。

B：茶叶多少钱一斤？

A：这边的这种卖三十块一斤，那边那种是好茶叶，卖十块钱一两。

B：贵呢，能便宜点卖吗？

A：可以的，九块一两，您要多少？

B：称五十块钱的。

A：您还要什么吗？

B：这件衣服您拿给我看看。

A：您试穿一下。这件衣服大概很合您穿的。这个颜色您要是不喜欢的话，还有红的、黑的、蓝的和黄的。

B：不大不小正好合适，不用换了。您算算看多少钱。

A：茶叶五十块，衣服六十，总共一百一。

B：我给您两百。

A：对不起，今天刚刚开张，零钱不够，补不开。

B：不怕（没关系），我找一找，我这里有十块钱，我给您一百一吧。

A：谢谢您了。那您慢走，以后要买什么东西您再来。

B：好。那您招呼着。

第二十三课《小心肝》：

小心肝，
你到哪里我也到，
你去哪里我也去，
就像相约好。
所到之处都提我，
我到哪儿也想你，
兄妹两个今相遇，
我们是一对。
小心肝，
一年都有十二月，
一天也有十二时，
时时把你想。
有风方把风筝放，
春雨洒花花才艳，
今天兄妹喜相遇，
离别话莫说。
小心肝，
风吹十里桂花香，

蜜蜂闻到花香味，
想来把花咬。
蜜蜂去处花更鲜，
月亮照处星星亮，
垂杨柳配酸桃花，
白马配金鞍。
小心肝，
相好十年或五年？
相好十年还不够，
相好一百年。
相好好到头发白，
相爱爱到牙掉光。
就算年老走不动，
拄拐杖相望。

第二十四课《生产生活用品》：

A：我们家里有好多生活用具，我们数数看。

B：从做饭做菜开始。厨房里有灶，锅、锅盖、甑子、锅铲，有菜刀、砧板，用来煮饭、蒸饭、炒菜、煮菜；还有火盆、三脚架、茶壶，用来烧水，开水倒进热水壶里。茶罐用来煮茶。锣锅、砂（土）锅用来焖饭、炖骨头、炖肉；原来做饭要烧火烧柴，点火要用火柴，现在很多人已经用电做饭了。吃饭时，要有桌子凳子、碗筷、钵头、盘子。舀饭用铜勺，舀菜用篾勺，舀辣椒面、盐用调羹。喝酒喝茶还要拿酒瓶、酒杯、茶杯呢。

A：干活计要用什么？

B：那可就多了。耕田要用犁，锄地要用锄头，割草割稻子要用镰刀，打谷打豆要用连枷，扬谷要用簸箕，滤洗麦子要用筛子；砍柴要用柴刀，砍树要用斧头，做木匠活要用推刨、锯子。打石头要用锤子。扫地要用扫帚，畚箕，提水要用桶，挑东西要用扁担，背东西要用箩、筐，背带，装东西要用（粮）仓、罐子、箱子、柜子。裁缝衣服、绣花要用剪刀、棉线、丝线和针。

A：早晚要用的东西有什么？

B：早上起来，用牙刷牙膏刷牙，拿毛巾用洗脸盆洗脸，晚上洗澡，或用洗脚盆洗脚，再上床睡觉。床上有草席、苇席、毡子、毯子、床单、被子、枕头。从前晚上要点油灯或蜡烛，现在都用电灯了。

　　A：其他还有什么？

　　B：现在还有电话、电视和电脑，人们不用出门，什么事情都知道。

　　A：现在各种用品很多，生产和生活越来越轻松了。

第二十五课《交通》：

　　A：从古到今，在大理来来往往的人一直都很多。

　　B：是，下关很有名。

　　A：以前人们出门很辛苦。

　　B：我们这里山也高，谷也深，又有很多大河，要翻山越岭，还要涉水过桥。

　　A：我小时候从海东到海西，还要坐船呢。有风的时候拉起帆，看风行船，没有风时还要划船撑船。

　　B：现在洱海里都是大旅游船了。一艘船都载客好几百人。

　　A：船费多少钱？

　　B：以前便宜，就三四块钱。现在的旅游船船费也贵，坐也好坐，很多游客都坐船。

　　A：老辈人说，以前去到京城考试，骑马要走三四个月。

　　B：以前做生意的人也都是赶马，赶马帮下夷方，走得很远，一直走到金齿（今保山、德宏）、腾越（今腾冲、缅甸）。

　　A：后来有汽车了，但是路不好，车也慢，到昆明要两三天呢，路上晕车，太难受。

　　B：现在有高速公路，开车三四个小时就到了。

　　A：昆明到大理的火车也很快。

　　B：现在坐飞机去昆明只要一小会。

　　A：以前我们个个都要背东西挑东西。现在大家都背得少了，挑得少了。

　　B：是了，现在比以前要轻松多了。

第二十六课《健康、疾病》：

　　A：医生，我精神差，请您帮我看一看。

　　B：您请坐。您哪里不舒服？

　　A：昨天就有点没精神，今天觉得很难受。

B：头疼还是发烧？

A：都有，还有头晕。身上又是发烫又是寒，夜里冷得发抖。

B：肚子疼不疼，拉肚子吗？

A：没有，大便小便都好的，就是全身酸疼。

B：我先帮您号号脉。您把嘴张开，我看一下您的舌头和嗓子。

A：是了，嗓子也有点哑，咳嗽的时候很疼，还有痰。

B：咳嗽厉害吗？

A：白天不太咳，夜里咳得厉害。

B：清楚了，您这个不用担心，只是伤风了。我开给你开个药方。有膏药，还有吃的药片。

A：需要打针吗？

B：不用，这个药很有效。不多几天您的病就会康复了。药一天吃三次，每次吃两片。

A：问您一下，我脊背有些疼，这要怎么治？

B：这个可以打针灸，或是拔火罐都可以。

A：现在生活好了，可是病也多起来了，诊所里看病、医院里动手术的人这么多。

B：现在病还是少多了。您想，以前的疟疾、痢疾、肺结核、麻风、天花这些传染病都少了。人也比以前长寿多了。

A：是的。小时候都种了痘，这些病就得不了了。

B：现在很多病的病因是人们的饮食没有以前干净，人们工作生活太辛苦。

A：是了，您说得很对。您再帮我开个证明，我请两天假。

B：您回去好好休息，多喝水，很快就和以前一样健康了。

A：谢谢您！

第二十七课《松竹梅兰》：

松

身居崇山峻岭间，
叶茂枝繁秉性刚。
咬牙扎根石岩上，
月月郁苍苍。
顶天立地高山顶，

不怕冰雪傲风霜。
要让山岭换新颜,
处处披绿装。

兰

常年长在深山谷,
品洁如玉远人间。
冬去春来花开早,
绿叶护花边。
风来幽香沁心脾,
蝴蝶穿花舞翩翩。
花中之王就是我,
兰花美名传。

梅

园圃山岭是我家,
枝头吐艳岁正寒。
冰雪之中争奇丽,
人见人喜欢。
寒冬腊月群芳谢,
唯我独立傲风霜。
梅花开在风雪里,
冬尽迎春光。

竹

江边屋后都长遍,
一年四季绿葱葱。
竹叶潇潇竹竿翠,
刚直不可曲。
严冬天冷岁苦寒,
风雪冰霜只似无。

牧童用我当箫管，
吹出百样曲。

第二十八课《母猪龙》：

古时候，洱源海子里有一条母猪龙。一天，有老夫妻俩去海子里捞水草，船划到海中心，那儿有许多水草，老头就用叉子去打捞。但是怎么捞也捞不上来，只好叫他的老伴："他奶奶，快点帮我一下！我实在没有办法。"老太婆过去和老头共同使劲，捞起了一大捆水草。把水草挑开以后，下边还拖着一串粗链子。仔细一看，不是铁链而是金链。老两口乐坏了。老头拿起砍刀，要把金链砍断。老伴向他喊道："你怎么这么傻！等等再砍，再捞一段。"老头又把金链捞进船里一段，然后，拿起砍刀又要把它砍断。老太婆又叫起来："疯老头！再捞一段吧！"老头听了老太太的话，又捞起来一截。他马上拿砍刀去砍，老太婆扑过来把他拉住，让老头继续捞。已经捞了满满的一船了，可是老太婆贪心，还想捞。

最后，拉动了母猪龙的脖子，惊动了母猪龙，把船里的金链一截一截地往回拉出去。老太婆拉住金链不放，被母猪龙拖下了海淹死了。母猪龙从洱源海子里跳出来，一逃就逃到了黑惠江中。它逃过的地方，树木被撞倒，金链子拖过的地方变成了一条红土路，它的嘴拱过的地方，岩石和田坝都变成红的了，到现在还能看见这些痕迹。

第二十九课《十二属歌》：
听说小妹你属鼠，
天上老鼠排最末，
十二属里你最大，
专门磨柜咬东西。

听说小妹你属牛，
你说你的力气大，
别的活计不会做，
只会吃草卖苦力。

听说小妹你属虎，
身上穿着花衣服，
你的伙伴都怕你，
山上谷中你称王。

听说小妹属兔子，
吃草打洞爱撒欢，
上山上坡最拿手，
下山下坡你不成。

听说小妹你属龙，
住在大江大海里，
出水之处是你家，
人人敬你要磕头。

听说小妹你属蛇，
你的样子好可怕，
爬在路上躲开你，
盘起像条束腰带。

听说小妹你属马，
马鞍抬到你身上，
驮着货物下夷方，
挂红挂铃响叮当。

听说小妹你属羊，
年纪虽小胡子长，
满山满坡都爬遍，
你是山羊是绵羊？

听说小妹你属猴，

又抓屁股又扒毛,
上蹿下跳闲不住,
猴子爬树好本事。

听说小妹你属鸡,
脚下又扒身又搅,
一天到晚找吃的,
咕噜咕噜太唠叨。

听说小妹你属狗,
人说好狗顾三家,
看见熟人摇尾巴,
看见生人你乱咬。

听说小妹你属猪,
一天到晚拱圈门。
吃饱倒头睡大觉,
呼噜呼噜吹鼻子。

第三十课《赵雪屏的故事》：
  赵雪屏是白族大学问家。有一天,他的侄儿赵泽厚来拜访伯父,想讨教求学治家之道。
  那天,赵雪屏正和白族另一位大学问家李元阳在一起闲谈,吟诗作赋、挥毫泼墨。长桌子上摆放着文房四宝,砚台中正好有一池磨好的墨汁。谈话之间,赵泽厚觉得腹中饥饿,便问伯父是否有吃的。赵雪屏答:"我这里没有别的,侄儿饿了,只有砚中香墨,你就吃罢。"赵泽厚以为伯父在戏弄他文化不高,只会耕地种田,觉得很不高兴,便起身告辞:"那就不用了,谢谢大伯,您们聊着,侄儿先回去了。"
  赵雪屏见他没有会意,赶紧叫道:"侄儿慢走,我有东西相赠。"便从屋内提出一袋糠皮给侄儿说:"这袋糠皮切莫小看,我们农家种田是有用的,你带回家去吧。"赵泽厚心想:糠皮家里有的是,有什么少见多怪的？但又怕伯父不悦，只好收下。回家路上，他越想越气，便把糠皮全都倒在路边，提了个空袋子回去。

赵泽厚回到家，把事情告诉了他的妻子。他妻子十分聪明贤惠，听了丈夫的话便骂他说："你这个傻瓜，伯父要你吃墨汁，你为什么不吃呢？吃了墨汁，你就有学问文采了。糠皮呢？快拿出来给我看看。"赵泽厚也懊悔了，说："我回来路上都倒掉了。"他妻子把袋子翻过来一看，见袋子里还粘着几片闪亮的金叶子，忙叫丈夫返回原路寻找，可是哪里还找得到呢？路边上什么都没有了。赵泽厚懊悔得直捶自己的心口。

村里的老人说：这是赵雪屏暗示后人，既要读书，又要务农，耕读传家，家道才会兴旺。耕读传家，这也是白族地区生活富裕、文化发达的重要原因。

第三十一课《小黄龙与大黑龙》：

洱海西岸绿桃村有一位白族姑娘，自小父母双亡，只能到富人家里做长工。

有一天，她到溪边洗菜，水中飘来个绿桃子，她就拾起来吃了。这是一颗龙珠啊，她吃了以后便怀了身孕，被富人家赶出了门。

无依无靠的姑娘在河边搭了个窝棚，生下了一个儿子。孩子出生时，有一只凤凰飞来为他遮风挡雨；当母亲外出做工时，一条大蛇爬过来照看孩子。日子一天一天地过去，孩子长成了一个健壮英俊的少年。

这时候，大理海子里的大黑龙，它的龙袍丢失了，它一怒之下，就把下关西洱河的出海口堵起来，把田坝和村庄都淹了。大理的百姓死的死，逃的逃，没办法过日子了。官府也拿它一点办法都没有。

后来，少年跑到官府，说他能治服大黑龙。他让人们打了铜龙头，两对铁爪子，五把尖刀，铁包子三百个，蒸三百个肉包子，扎了三只大草龙。他戴上铜龙头，手脚上都套上了铁爪子，口里衔着一把尖刀，后背绑着四把尖刀。他交代了铁包子和肉包子的用法，就叫乡亲们把草龙丢到海里。大黑龙见到草龙，张牙舞爪地扑过来。这时，少年纵身跳下洱海，立即变成了一条小黄龙，在海子里和大黑龙打斗起来。小黄龙打饿了，海面上翻起了黄水花，大伙就往小黄龙嘴里丢肉包子；小黄龙吃饱了，越打越有劲。大黑龙打乏了，海面上翻起了黑水花，大伙就往水里扔铁包子；大黑龙吃下铁包子以后，肚子疼得受不了。

小黄龙就这样和大黑龙打了三天三夜，大黑龙支持不住，就从下关江风寺下面的大石崖上钻了个洞逃走了，一直逃到澜沧江去了。漫到大理坝子的水，也从洞里流走了。大理坝子这才露了出来。从此，大理坝子风调雨顺，人们过上了幸福的生活。人们给小黄龙盖了一座龙王庙，把他奉为绿桃村的本主。

第三十二课《观音伏罗刹》：

从前，罗刹是我们这个地方最凶恶的魔鬼，他要吃人的眼珠子，每年还要吃一对童男童女，人们还得敬献给他。时间一长，大理坝子里很多人的眼睛都是瞎的了。

观音听说后，化成凡人来到人间，到一家老百姓家里投宿，还没进门就听见他们全家人都在哭，就问道："你们为什么哭呢？是不是不愿意让我住进你们家？""不是的。""那你们有什么难事吗？""因为你是女人家，对你说也不起作用。""你们不妨对我说，我说不定能帮你们化解掉。""如果这样我们就对你说。罗刹大王吃人的眼珠子，每年还要吃一对童男童女，今年轮到我们家敬送我们的孙子了。"观音问他们说哪天送，他们回答说就是第二天。观音告诉他们不要哭了，不用忧心，她会和他们一起去。

到了第二天，观音去买了螺蛳头，敬给罗刹，说这就是人的眼珠子。罗刹吃了以后说味道不对，要吃以前的。这样观音就显化出真身，对罗刹说："我和你商议一下，你这样吃人眼睛是不对的。我和你打赌，如果我输给你，我的金銮宝殿就归你；如果你输给我，我只要你一小块地方。"罗刹问："多大的地方？"观音说："让我的黄狗跳一跳，跳了多长就要多长，让我的袈裟披一下，披了多宽就要多宽。"罗刹听了很高兴，说："我们今后可不准耍赖。我们要宾居大王来立字据。"字据写在（挖色）鹿峨山顶上，砚台和毛笔就在下鸡邑那个地方。

两人开始斗法。观音的法力高，罗刹比不过观音。于是观音的黄狗就跳了一跳，从上关跳到下关；袈裟披了一下，从海东披到海西，就把现在的大理坝子都披满了。罗刹就开始耍赖："我以为你的黄狗跳一跳，跳不了多大的地方，现在把我的江山也跳完了，袈裟披一下怎么会从海东披到海西。"观音说："好，好！你既然耍赖，那么你就从我的手指头的外边跳到里边，你能够跳过去就算你赢，我的金銮宝殿仍然归你；如果你跳不过去，那就是你的运气不好了。"罗刹知道自己打不过观音，没办法只能答应。在他跳的时候，观音就用一个手指头变成一块大岩石，把罗刹压到下边去了。被压住的时候，罗刹想把舌头伸出来堵住洱海，淹死大理的老百姓。观音就烧化了一锅铁水浇过去，把罗刹的舌头烫得缩回去了。观音炼铁水、浇铁水的地点就在现在（挖色）康廊村的观音阁，把罗刹打下去的地点就是现在的上阳溪，罗刹伸出的舌头就是现在喜洲的海舌。罗刹乞求观音说："什么时候把我放出来？"观音说："在铁树开花、马长角、白盐生蛆的时候就把你放出来。"这些都是不能成真的事情，也就是让它永世不得翻身，再也不能出来害人了。

从此以后，大理坝子的百姓过上了好日子，大家都聚集起来拜观音，念经。做生意的也来买卖东西，这个地方就越来越热闹了，后来就设了一个街子，就是现在的三月街。

附录三：生词总表

白语词汇	汉义	首次出现课文
a	鸭	15
A'lup	阿龙	21
A'pep	阿鹏	9
ad（ngad）	汗	20
afsit	小便	26
alda	这里，这儿	15
almil	猫	19
alna	哪里，哪儿	9
alsert	什么，哪个	9
aod	虾；赢，胜（过）；（大）王	15
aof	恶，凶恶；喂（食、药）	32
ap	设（置），开设；合（得上），合缝	32
at	一；阿（妈）；啊	8
atbefzi	一会儿	25
atdal	大伯（对称）	9
atdaldix	大爹（对称）	9
atdeitdeit	一代代，世世代代	16
atdierlzi	一点儿	21
atgerd	多，很多	16
atmerdni	大大后天	17
atni'zi	一整天	20

续表

白语词汇	汉义	首次出现课文
atni-atni	一天天（地）	31
atni-bitni	一天比一天（固定格式）	8
atsua-xiji	一年四季	27
attuxzi	一路	28
atwa'ni	大后天	17
atyouz	一样	16
atzipni	后天	17
ax	看	8
ax … ded	期望，盼望	8
ba	钵头，大碗；倒塌；班（级）	24
ba'zit	坝子	12
bad	搬；味道，气味；盆	20
badbaf	粑粑，饼，馒头（海东）	15
badjiaf	搬家	20
bafguf	长工，帮工	31
Baifcuf	白族（近现代汉语借词）	16
Baipho	白族（白文方案规范）	16
bal	他们	10
balyuip	半圆	18
baod	（一）半；坡；旁（边）	29
baof	包（起）；丈夫；（烧）包，（金银）包	19
baofsil	博士	18
baofzigou	脖子，脖颈	28
baot	他，她	10
baoxmeixjif	簸箕	24
bap	（牛）奶；乳房；说话（贬义）	13
baz	半（斤），半（路）；办（事）；绊（脚）；扣（门扣）	30

· 200 ·

中 编

续表

白语词汇	汉义	首次出现课文
bazdel	板凳	24
baztux	半路	30
bazyaoz-salgerf	半夜三更	17
be	北；笨	12
bed	浮，漂	31
bef	会儿，阵子，段（时间）	31
bei	走，去	9
beiga-saljit	走拢一起，合得来，和睦相处	16
beid	皮；剥（皮）	11
beif（beifzil）	那，那就	22
beit	背（诵）；摆；倍；辈（分）	18
beix	晚饭；遮，遮蔽	15
bel	他（她）的；那（后跟复数数量词组）	10
belda（bulda）	那里	22
beldedni	大前天	17
beldedsua	大前年	17
beldedmef	以前，从前	17
belgazhet	（两个事物）之间，其间	12
belhet	其中	15
belhhex	以后，其后，今后	17
belhhexsua	后年	17
beljiap	其他，另外	13
belxifhet	中间，中心	12
ber'xierz	百姓	31
berd	平；坪；扒；耙；牌；场（量词）	12
berddat	平坝，平原	12
berf	白（近现代汉语借词）；百（同前）；裂（开）	18

· 201 ·

续表

白语词汇	汉义	首次出现课文
berfmat	白马（近现代汉语借词）	23
berp	白（色）；白（族），白（语）	8
berpdoud-berpsoul	直白话语	11
berpherl-berpsit	白米饭	11
Berphuox	白伙，白族	16
berpngvz（zi）	白语	8
berpngvzsif	白文	8
Berpnid	白人，白族	16
berpvvd	疯癫	28
Berpzi	白子，白族	16
Berpzi-berpnivx	白子白女，白族儿女	16
berpzoupni	白昼，白天	11
bert	病	26
bertsit	病痛	10
berx	（木）板，板（子）	24
berxjiz	案板，砧板	24
berz	拜（佛）；把（量词，梯子、连枷等）	32
bet	那；不；托（带），附（带），寄（信）	10
betsil	本事	29
betxiaof	不消，不用	22
betzidzi	那时，当时	32
bex	潭，池塘；斧头	16
bia	八；抱	8
biax	那样，那些	20
biaox	不是	9
bidbed	蚂蚁	20
bidfv'dei	鼻子	13

续表

白语词汇	汉义	首次出现课文
bidgua	鼻梁	13
bier	问	9
bierf	抛，掷	31
bif	风；盐；（旁）边；左（手）	8
bifbaod	旁边，边上	30
bifdi	别的，其他	29
Bifgef	宾居（宾川古称）	32
bifpel-vvxhhoup	风吹雨打	8
bifvvx	风雨	31
bit	比，比较；蓑衣	8
biz	变；遍（量词）	31
bux	肩膀；饱；（缝）补；找补	13
cafjiao	擦胶，橡皮	18
cal	早饭；错，差错；差（钱），欠（债）；唱（近现代汉语借词）	9
calbeix	饮食，饭（两餐或三餐饭的统称）	15
calmuxjif	差不多，将近	16
caol	（古）车；（制）造	14
caotzix	纸，草纸	18
cat	零（用），零（食），零（钱）	22
catqieil	零钱	22
ce	捆，扎（动）；张、面（量词，修饰"脸""天"）	13
cei	拉（网）；转（磨盘）；发（羊癫疯）；猜；把（"锯子"的量词）	19
cel	短；堵，（堵）塞；称（赞）	31
ceplif	成立	16
cer	红，赤；车	19

· 203 ·

续表

白语词汇	汉义	首次出现课文
cer'dildioup	赤身裸体，光身子；一无所有	19
cerl	声（音）；轻	18
cerlqi	声音，声气	21
cerx	睡觉	17
cerxhe	睡起，早晨	17
cerxzid-cerxjia	睡觉时间	17
cetzi	菜籽，油菜	16
cex	（天）阴；丑；（小孩）顽劣；说丑话，骂人	20
ci'pix	轻松	24
Cifbilhup	茈碧湖（洱源）	16
cil	身体；丢失，遗留；输（钱）；吐（口水）；肿；（大）葱	11
cil no bet xiaf	怀孕，有身孕	31
cilkoul	身体	13
cix	尺子	18
coul	糠；疮；推	30
coulbeid	麦麸，糠皮	30
Cualnud	双廊（大理市白语地名）	21
cuax	切（菜）	24
cuer	册（书）；涮（洗），（洗）漱	19
cul	闻，嗅；粗	23
culseit	从小	31
cutsif	大理石，础石	16
cux	草；炒（菜）；就	19
cv	出（门）	14
cv'fvf	天花	26
cvcaol	（水稻）出穗，抽穗	14

续表

白语词汇	汉义	首次出现课文
cvmeid	出门	16
cvmeid-wawut	出门在外	24
cvmierf	出名	15
cvfxit	出产，收获	16
cvlji	春季	27
cvt	……处，地方；触，触动；建（房）；山茅草（编草鞋用）；把（量词，修饰"斧头"）	16
cvthaot	盖房，建房	20
da	搭，和	18
dad	代，帮；弹（琴）；燀，煨（药）；点（火）；桃子	21
dadhuix	点火，生火	24
dad…baod	帮某人忙	21
daf	当（家）；挑，抬，扛；叼；搭（上）	16
dafbaof	束腰带（白族女子服饰）	29
dafnidzi	单独，一个人	9
dafyet	答应	32
Dallit	大理（近现代汉语借词）	9
dalxiaof	大学	18
daod	办，弄，搞	26
daot	大；毒（动词、名词）	10
daotbierkvx	蟒蛇，大蟒蛇	31
daotcal	午饭	15
daotgerzxif	后背，脊背	13
daotgvf-daotkaot	大江大河	25
daothe'nvd	大黑龙（白族传说故事形象）	31
daotkuert	大腿	13
daox	得，可以，行	15

· 205 ·

续表

白语词汇	汉义	首次出现课文
dap	从；踩，踏	32
daphuot	搭伙，一起，总共	22
dat	田野；片（地）；偷，盗	12
daz	（走）回	21
daz（yaz）yef	回来	21
dazbif	扁担	24
de	得（钱），赚（钱）；…着，…得（结构助词）；结（冰），凝结	10
ded	头（部），前（面）；头，个（量词）	8
dedbaod	头	13
dedbaod zvx	耳背	21
dedbaof	和尚	32
dedbaofyif	袈裟	32
dedded-hhexhhex	前前后后	17
dedmaf	头发	13
dedmef	以前，从前	32
dedmiz	前面	13
Dedwap	腾越（今腾冲）	25
dedni	前天	17
dedsua	前年	17
dedzeizgvf	前晌午，上午	15
def	箩；灯；蹬	24
def（zef）	（拿）来	22
dehhep	得力	16
dei	带（领）；（树）根；结，打结；待（客）	19
deimaffef	麻风	26
deip	猪	14

· 206 ·

中　编

续表

白语词汇	汉义	首次出现课文
deipgerd	猪肉	14
deipmaox	母猪	28
deipmaoxnvd	母猪龙	28
deit	第（一）；(年）代；搬运（稍带贬义）	8
Deitleix	大理（传统说法）	12
del	这（后跟复数数量词组）	20
der	打	19
der ga'ze	针灸	26
der'cil	丢失，打失	31
der'fer	打发，出嫁	10
der'zif	打针	26
derp	个，颗	24
derx	得，可以	21
det	豆，蚕豆	16
detbaod	这边	22
dettal	这时，现在	12
det（let）	这，这（个）	10
detgerd	这么多	13
dez	戴（帽子）；顶（量词，修饰"头发""帽子"）	13
dezheil-dapjit	顶天立地	27
dezlaof（pierl）	背带	24
did	只，要是，如果	22
diddaox（didderx）	只能，只得	28
didmel（meldid）	刚刚，（刚）才	22
didzil	只是，但是	18
diefcuil	锤子，钉锤	24
dieil（dil）	电	24

续表

白语词汇	汉义	首次出现课文
dieilde（dilde）	电灯	24
dieilhual（dilhual）	电话	21
dieilnaot（dilnaot）	电脑	18
dieilsil（dilsil）	电视	24
dier（dierl）	点（儿），（一）点	22
Dietcaolseif（Jifcaolseif）	点苍山	12
dil	个（乳房）；还，还是；电	13
dilda	垫单，床单	24
dillit	地理	18
diou	调（子）；吊；钓	19
diou（liou）	丢，扔	31
dit（zu）	点（钟）	17
ditxif	早点，点心（海西）	15
dix	父亲，爸爸	10
dou'dedbaod	磕头，叩头	29
dou'faf	斗法	32
doud	话	11
doudsoul	话语	11
douf	公（的），雄（性），父亲；逗（小孩），挑逗	8
doufmaox	父母	8
doufsaot	逗笑，取笑	30
doup	挑（选）	22
doux	上（面）；漱（口），涮（洗）	12
Douxguerf	上关，龙首关	12
Douxyoudqil	上阳溪（大理村名）	32
dual	段（姓氏）	9
duaz	宾格标记	23

续表

白语词汇	汉义	首次出现课文
duf'erpzi	独儿子	32
dui	炖；放在火边或热水上以保温	24
duix	远	25
duiz	对（对联）；顿（饭）；碓	15
duof	多（出来）；戳	26
dut	赌（赛）	32
dv	锄（地）；啄	24
dvf	东；冬	12
dvfmiz	东面	12
dvfngerd-cvlpia	冬去春来	27
dvfwa	冬月，冬天	20
dvlzilzeiz（dvldvlzeiz）	冬至节	14
dvt	动；涉（水），渡	25
dvtxuix-guozgud	涉水过桥	25
dvz	洞	29
er	腌制（肉）；打蘸水或拌调料（吃）；拥挤	15
erp	列，排行	29
erx	下（面）	12
Erxgaod	洱海	12
Erxgeifye	下鸡邑（大理市洱海西岸村名）	32
Erxguerf	下关，龙尾关	12
erxjix	底下	28
erxmiz	下面	32
faflif	法力	32
feix	很，非常	12
feixji	飞机	25
fer'piaolvvt	疟疾	26

· 209 ·

续表

白语词汇	汉义	首次出现课文
ferni	发热	26
ferwa	发旺，茂盛	27
ferx	翻，反	30
fv	肚子，腹部；六；笔，毛笔	11
fv'nga	肚子疼	26
fv'zv	米线（传统说法）	15
fvf	飞；分（开）；分（量词，钱、重量等）；伏（近现代汉语借词）	32
fvfqia'qia	飞舞	27
fvfwei（weiyef）	因为，由于	18
fvfwut	珍惜，珍爱	16
fvl	插（秧）；蜂	14
fvlgerf	插秧	14
fvlguod	栽秧	16
fvlnieif	副业（近现代汉语借词）	16
fvt	锯子；屁；放屁	24
fvz	份（数）；副（量词）；哄睡（婴儿）	8
fvzlud–fvzlud	呼噜呼噜	29
ga	把，将；（摆）拢，（聚）合；表示动作量少时短的助动词；（粮）仓	9
gaged–gamerz	贸易，做买卖	16
gassvt–ga'der	用，使用	24
gad	寒（冷）；含，衔	26
gaf	高；教（书）；肝；干旱，干燥；杆（量词）	12
gafjitberd	高原，高地	16
gafdaot	高大	12
gafmi	甜，甘甜	15

· 210 ·

续表

白语词汇	汉义	首次出现课文
gafsvz-silgouz	高山深谷	27
gal（wal）	几（个）	10
gao	歌，歌曲；哥	8
gaod	湖，海；麻；富（裕）；爱	12
Gaoddvf	海东	32
Gaodngv	海尾，湖尾，今下关一带	31
gaodnilbaof	富人	31
Gaodseif	海西	32
Gaodzeip	海舌（喜洲地名）	32
gaof	枝（量词）；阁；糕；高（明）；鱼鹰	19
gaofngvf	弓鱼	15
gaolli	蝴蝶	27
gaosuf-gu'lul	高速公路	25
gaot	搞，做	22
gaothei	对不住，难堪	22
gaoz	抖；敲打	26
gaozjit	草席	24
gaser	乞丐	19
gat	讲，告诉	30
gaz	……中（隙）；擀；滚（动）；排（水）	12
gazgex	菱角	15
ge'duf-cuapjia	耕读传家	30
ged	流（水）；卖；骑（马）	12
gef	冷；舀（饭，水）；钩（起）；公（母）	12
gefgad	寒冷	27
gei	钻（洞）	31
geid	爬	25

续表

白语词汇	汉义	首次出现课文
geidsvz-mer'ngerx	翻山越岭	25
geif	鸡;该;坚(固);…在	15
geifmerdkv	鸡叫时分	17
geit	点(灯);解(决),(襁)解	24
geiz	见;碗	9
geizgerf	害怕	29
geizngerx	碗盏,碗碟	24
geizxuid	好像	23
ger	捉;(鱼)鳞,甲	16
gerd	肉;(数量)多	14
gerdyoudhhex	垂杨柳	23
gerf	惊,害怕;恐怕,大概;间(房子);(人)家	8
gerlni	今天	8
gerlzilsua	今年	17
gert	块(量词,石头等);撬	32
gertgerfzi	胫骨	13
gerx	铜;砍(树),间(苗)	16
gerxjiouz	铜匠	16
gerxsaof	铜勺	24
gerz	价(钱);镜(子);敬(奉)	22
gerzdaot	贵	22
get	旧;给;个(量词,身体);架,辆(量词)	13
gex	厚;垢,污垢;靠,倚靠;白;舅(传统)	16
gexmex	舅母,舅妈	10
gez	(出)嫁;救;给,让,使	10
gou	脚;播种;张(开);没谱	11
gou'daotbeiz	脚背	13

· 212 ·

续表

白语词汇	汉义	首次出现课文
gou'tatmaox	脚趾头	13
gou'zei	脚腕	13
goujitger	脚趾甲	13
goujitxif	脚掌，脚掌心	13
goukeil	（嘴巴）张开	26
goup	熬（酒，糖）；（鸟等）飞落	32
goupyoud	山羊	29
gout	截；段（量词）；烘烤	28
goux	二，两（个）	10
goux paolmaox	夫妻俩	28
gouz	虹；（山）谷	20
gouzpier	谷，山谷，山箐	25
gu'lif	公历	17
gua	爬（山）；挂；卦；竿，茎；杆（笔）	17
gua'ded	骨头	13
Guaye	观音	32
Guayegaof	观音阁	32
Guaye laozmut（Gualyelmaox）	观音老母	32
guaf	（刀）刮；裤子；官	19
guafhaot	官家，官府	31
guazsit	管事，帮忙	28
gud	壶；桥	24
gud（sex）	桥（座）	25
gudlud-gudlud	咕噜咕噜	29
gudzi-gua'dei	喉结	13
guerfjia	国家	16

· 213 ·

续表

白语词汇	汉义	首次出现课文
guerx	逛，观（赏）	9
Guerxsallad	绕三灵	14
guerxxiaf	旅游，游玩	9
guerxxiaf nidgerf	游客，游人	25
guf	姑妈；供，供给；箍（桶）	10
gufyou	膏药	26
guilzou	贵州	16
guit	乱，胡乱；螃蟹	29
guiz	消失，不见；（吃）坏；桂（花）	20
Gulcaxdat	共产党	16
gulme	姑父，姑爹	10
guod	水稻，禾（苗）；合（得来），爱	14
guof	长（大）；和，与	31
guof（beid）	锅	24
guofcax	锅铲	24
guox	（一大）步；（包）裹	32
guoz	（经）过；过（日子）	10
guozhux	好过	16
gutbet	古本，故事	30
gux	古；老；鼓	17
guxbaof	老头	28
guxbeit	老辈，老一辈	25
guxdeit	古代	17
guxnid	老人	17
guxyaoz	老太婆	28
guxzidjia	古代，古时候	17
gv'zi	橡子	21

· 214 ·

续表

白语词汇	汉义	首次出现课文
gvf	江；叫；腌（青菜、萝卜）；弓；条（河）	12
Gvfbifseif	江风寺	31
gvlcet	酸腌菜	15
gvpdeijix	喉咙，咽喉，嗓子	13
gvt	柜子；跪	24
gvx	鬼，魔鬼	32
gvz	住，居住；坐	16
gvzcvt	住处	16
ha	（打）死	32
haf	憨，傻	28
hafzi	憨包，傻瓜	30
hal	看；生，生养；放牧	12
halngedzi	放牛娃	27
halsa	照看，照顾，招呼	16
haof	合（理），合适，对，正确	12
haofhex	线，棉线	24
haol	…了；…掉了（体貌标记）	21
haolmat	号码	21
haot	房子；晒	19
haotdvf	家里	10
hat	何，什么	10
hatleid	什么，哪个	9
hatnid	谁，什么人	10
hattal	何时	32
hatya	哪些，哪样	15
haz	汉（族），汉（语）	16
hazyid（pit）	镰刀	24

· 215 ·

续表

白语词汇	汉义	首次出现课文
he	黑；恨	22
He'nvdgvf	怒江（黑龙江）	16
hei	害（人）；害，坏，不好	20
heil	天	16
heilgaf	天干，干旱	20
heiljit	天气；天地；田地	16
heilkvl	天空	29
heilmerd-daotter	打雷	20
hel	…过（了），…掉（了）；…在；之后，然后	9
herl	生（肉）；活，菜，汤菜	13
herlgerd（herlxiou）	生肉（白族菜肴）	15
herlpa	菜肴	15
herlsi	健康	10
herlsit（herlssit）	米饭	11
het	…里，里面；赌气，生闷气	9
hex	线；痊愈；兴旺；李（子）	15
Hexjieix	喜洲（大理地名）	9
hhe	骂	30
hhed	研磨（墨、药粉等）	30
hhef	喊	9
hhefno'zaop	以为	30
hhep	学，学习；力（气）；位置，地方	8
hhepsif	学习，读书	8
hhepsifzi	读书郎，学生	18
hhet	露（出），漏（水）	31
hhetni	炎热	12
hhex	后（面），后（边）；喝，饮；柳（树）	13

中 编

续表

白语词汇	汉义	首次出现课文
hhexzeizgvf	后响午，下午	15
hhexdeit	后代	30
hhexdoud	臀部	13
hhexmiz	后面	13
hhexni	后一天，第二天	32
hhexsua	明年	17
hhoup（oup）	落，下（雨）	8
Hhoupkert	鹤庆（县）	16
hou	（记）号；贺（礼）	26
houmer	号脉	26
houp	厉害，擅长	16
hua	（水）开；（肚子）饿；画（画）；花（色）；晃（荡）；花（白族调的首、阕）	24
hua'xuix	开水	24
huaf	高兴，欢乐；慌（张）	28
huaflilgaox	撒欢儿，欢跳	29
hualxiaof	化学	18
huat	（猪）拱	28
huf	（挂）红；买（米）	29
huif	（一）回，次；石灰	17
huix	火	14
huixbad	火盆	24
huixcaol	火车	25
huixzuit	火把，火炬	14
huof	红（色）；花（朵）	22
huovvx	东西，货物	15
huox	些，伙	13

· 217 ·

续表

白语词汇	汉义	首次出现课文
Hupnap	湖南	16
hut	燎	15
hux	好	12
ji	记（忆）；季（节）；吮吸；蚂蝗	13
jia	节（日）；接；加（减）；（走）遍	14
jiad	（一）次，（一）回	21
jiaf	家（近代借词读音）	20
jiafhaof	恰好，刚好，正好	22
jialyif	工匠	16
jiaof	浇，泼；交（给）；挂念，焦（心）	32
jiaofxif	焦心，担忧	26
jiaolsif	教室	18
jiaolyouf	教育（近现代汉语借词）	16
jiap	赠，送；伙伴，朋友	29
jiapbapzi	腿肚子	13
jiapweix	伙伴，朋友	29
jiasi	家什，工具	18
jiax	这样，这些	18
jiaxhe	这样，这么	12
jiaxleid	这样	22
jiaxsi	这样	30
jiaxya	这样，这么	20
jie	敬（奉）；金（近现代汉语借词）	29
jie'a	金鞍（近现代汉语借词）	23
jie'luap-baozdil	金銮宝殿	32
jiefzerd	京城	25
jieif	筋；金（子）；斤；尖	13

· 218 ·

续表

白语词汇	汉义	首次出现课文
Jieifcix	金齿（今保山、德宏一带）	25
Jieifsaolgvf	金沙江	16
Jieilhup	剑湖（剑川）	16
jieip	赶（马），追赶	16
jieip ngedmerx	赶马	25
Jieipcuil	剑川	9
jieix	梅子；近	15
jiel	总，净，尽；静，不出声气	29
jierd	（一）捆；情（意）	14
jierpdef	地盘，宅基地	19
jiert	…着；剃（头）	18
jierx	井	19
jiesep	精神，精力	26
jiesoux	敬送，敬献	32
jiet	紧，忙	19
jietzil	景致	16
jiex	九	12
jif	多；预约，嘱咐；辔头，（马）笼头	8
jil	几（个），多少；嫂子	15
jilguil（get）	犁	24
jilsualqil	计算器	18
jilxioux	多少；很多	12
jioul	舅，舅舅	10
jiouz	叫；匠；酱	31
jip	侄儿，外甥	10
jit	地，田；…近，…拢	16
jitdat	田野，田坝，田地	28

续表

白语词汇	汉义	首次出现课文
jitfvf	地方	12
jitgerf（berz）	连枷	24
jitmef	田间，地里	16
jitweix	砚台	30
jitwerf	（居室、庭院）地，地面	24
jix	姐；拖、拉；底（部）；双（鞋）	10
jixzoux	拐杖	23
jiz	寄；渗；蛭	17
jizdaf	剪刀	24
jizherl	生，出生，寄生	17
juif	罐（小）	24
juix	嘴，口	13
juixbap	腮帮	13
juixgerf（juixgud）	嘴巴	13
juixweix	脸	13
Kalnaz	康廊（大理市挖色村名）	32
kaolfvcet	海菜	15
kaolse	咳嗽	26
kaot	河，溪	25
kaotsil	考试	18
kaox	快…了；雇（人）；租，（船）费	10
keil	开（花），…开	22
kel	开（门）	8
kel qia'qia	怒放	27
kelwap	开挖，开采	16
kelzaf	开张	22
ker	客（人）；（一）副，合，对；卡（鱼刺）；咳（痰）	28

· 220 ·

续表

白语词汇	汉义	首次出现课文
kerl	(一)场	32
kerlvvx	屁股	13
kerx	惊,受惊	28
ket	里(面),里(边)	30
ketbaod	里边	32
kex	…起,起(身)	18
kou	哭	32
koul	件(衣服)	11
kua	宽;采摘	32
kua'cvt	宽度	32
kual	慢,宽(心)	9
kualle (kualxif)	慢,不急,宽心地	22
kuax	犬,狗	29
kuertdedzei	膝盖	13
kuil	座(量词,山);个(量词,馒头)	12
kuit	元,块(钱);(身材)壮实	22
kuix	亏(帐);呕吐	19
kuixhuof	快活,轻松,愉快	12
kuol	课(程);效,有效;痛快	8
kuox	颗,个;卡(脖子),叉(柴草、刺丛等)	13
kux	苦;爱(吃);擅长(做)	15
kv	弯曲;曲(子),调(子)	14
kvl	空;亏(空),(吃)亏	30
kvl (beid)	畚箕,筲箕	24
kvx	蛇	17
la	锡	16
lajitweix	闪电,打闪	20

· 221 ·

续表

白语词汇	汉义	首次出现课文
lad	兰（花）；寺庙（兰若）；（花）园；栏（杆）；蓝（色），蓝靛	14
laf	（天）晴；揭（开）	20
lafzit	辣子，辣椒	15
lafzitmiz	辣子面，辣椒面	24
Laitmait（Baipnid）	勒墨，巴尼（白族支系）	16
laod	虎	17
laod（seiz）	筛子，箩筛	24
Laodcoulgvf	澜沧江	16
Laodhaolxiei	浪穹县（今洱源县）	28
laof	少数，不多	26
laofderf	瞎（眼），（目）盲	32
laofguof	锣锅	24
laopbert	肺结核，痨病	26
laoz	了（时态助词）	9
laozhhex	后来，之后	28
laozsi	老师；老实，实在	8
Laozzui'sa	老君山	16
le	的，地	9
lei（leil）	赖，耍赖	32
leid	个（泛用量词）	13
leidleidzi	每个，个个	16
leil（lil）	也	8
leixbert	传染病	26
le'le	越，越发	30
lerzzei	另再，又	15
let（det）	这，这（个）	10

续表

白语词汇	汉义	首次出现课文
letbaot	被子	22
letle	马上，赶快	30
li'li	好好（地）	26
lia	亮	23
liapmitxieil	凉米线	15
liffaf	历法	17
lifsiz	历史	16
Lifsufzi	傈僳族	16
liou（diou）	丢，扔	31
Lit yuipyap	李元阳	30
lou	盘，络，绕	29
louz	爷爷	10
lud	滤洗，涮洗；炉（子）	24
luf	够，足够；（汉）六	22
lui	烫	32
luid	轮（流）；（庄稼）因长太好而不结果	32
Lulwerl	鹿鹅山（洱海东岸挖色山名）	32
Luopca	罗刹（神话故事中的恶魔）	32
luplif	农历	17
luwerl	杨梅	15
luwerljiz	杨梅酱	15
lv	绿	27
lv'qia'qia	绿油油	27
Lv'dadye	绿桃村（大理市洱海西岸村寨）	31
ma	稻草	29
maf	推；擦，擦拭	16
maftvt	包子	31

续表

白语词汇	汉义	首次出现课文
mafyeid	撑船，划船	16
maod	磨（刀），（折）磨	29
maox	母；母（的），雌（性）	8
max	满	27
maxsvz–maxbaox	满山满坡，漫山遍野	29
me	麦（子）；墨（汁）；焖	15
me'zi	墨汁	18
me'bad	墨盘	18
mef（mel）	结构助词；处所标记；无目的瞎走	27
meguerf（ngvguerf）	木瓜	15
meid	门；嘛，吧	21
meif	（古）火	14
meifdef	（古）火灯，火把	14
meix	米；晚，迟；垂（头），弯腰	14
mel	宾格标记；处所标记；才；的	12
meldid（didmel）	刚刚，（刚）才	22
memizherl	面条	15
me'pit	馒头（海西）	15
mer	爬	25
merd	明（亮）；鸣（叫）	17
merdberp	（天）亮，（天）明	17
merf	多	17
merfsuit	墨水	18
merl（merf）	发语词；呢，嚯，啊（句末语气词）	20
merlni	明天	17
merx	马	17
merx'af	马鞍	29

· 224 ·

续表

白语词汇	汉义	首次出现课文
merz	买	22
mex	换，交换	22
mi'pit（ni'pit）	太阳	19
mia	淋（雨）；（水）淹	31
miaoz	直；瞄（准）；股、道（气、烟、火苗等）	27
mierf	名字	9
miert	黑，暗	17
mifsaod	大麦	16
mifwa（milwa）	月亮	11
mifzoup	簸箕	24
milwa（mifwa）	月亮	11
miepcuf	民族	16
Miepjia	民家（汉族称白族）	16
miou（niou）	不要，莫要	11
mipzit	棉纸	18
mitxieil	米线（近现代汉语借词）	15
mixduf	尾巴	29
miz	（东）面；面（粉）；（白眼）斜视	12
mizdef	面颊	13
mud	逃，逃跑	29
mufdafzi	可怜	31
mux	不；没有	8
muxzil	要不，不然	21
nad	南；难，困难	12
nadcvt	难处，困难	32
nadguoz	难过，难受	25
nadzilsua	去年	17

续表

白语词汇	汉义	首次出现课文
naf	呢（语气助词）	10
nafweif	难为，感谢	22
Nafxi'zi	纳西族	16
nal	你们	9
naot	你	9
Natmat	拉玛，那马（白族支系）	16
nef	伐（树木）	24
nei	奶奶；（十）二；拿	10
neid	二十，廿	14
neidxuixjiouz	泥水匠	16
nel	你的	9
nerl	话题标记；那，那么；但，可是，于是；呢	9
nex	倒（下）	28
nga	咬	23
ngad（ad）	汗	20
ngaf	粘贴	30
ngal	我们	9
ngaot	我	9
nged	牛	15
ngeid（eid）	鞋；攀爬（山）	11
ngel	我的	9
ngerd	行，走；（大）牙；岩，崖	20
ngerdyeid	行船	25
ngerdyef	以来，过来	16
ngerdjiet	快，快速，赶紧	25
ngerdnad-bei'be	来来往往，南来北往	25
ngerdzoup（zoupngerd）	岩石	32

续表

白语词汇	汉义	首次出现课文
ngerx	（山）岭；（衣）领	25
ngerz	硬	27
ngerzger	坚强，硬朗	27
ngouz	饿	19
ngv	（末）尾；木（然）	29
ngvd	黄；炒（豆）	22
ngvf	鱼	15
ngvfdef	鱼篓，鱼笼	19
ngvguerf（meguerf）	木瓜	15
ngvjiouz	木匠	10
ngvx	五	14
ni	天，日；（进）入；热	8
ni'det	（吃）晌午	15
nihet	白天；日中，正午	15
ni'pit（mi'pit）	太阳，日头	19
nisua	年纪	17
ni'xier	日子，日夜；生活	17
nial（lial）	咱们	8
niaoz	煮，炖	24
nid	人；人，个（量词）	9
nidgerf	人（家）	9
nidherl	人生，家业，家道	30
nidjiouz	银匠	16
nidngvt（nidvvt）	人情事理	30
nieip（nip）	年（近现代汉语借词）	16
nil	您；和；还是；呢（疑问词）	9
nilmerl（yuilmerl）	玉米，包谷	16

· 227 ·

续表

白语词汇	汉义	首次出现课文
niou	要；魔芋	8
nip（nieip）	年	16
nivftei（ssvftei）	兄弟	16
nivx	女（人）；女儿	10
nivxdoup	耳朵	13
nivxtei	妹妹	10
no	的（结构助词）；…上	9
nouz	（斤）两；依赖，依靠	22
nud	口袋，袋子，囊	30
nvd	龙	17
nvd'oud	龙王	31
nvdzix	龙街	21
nvdzvl	龙珠	31
nvf	溺，淹	28
nvx	箩筐，（鸡）笼	24
oud	王；鹅	27
oudsuaf	猢狲，猴子	29
ouhuit	懊悔	30
oup（hhoup）	落，下（雨）	8
pal（lal）zi	耙子	28
pap	盘（田），盘（庄稼）	16
papzi	盘子	24
papzuafjiafnid	种田人，农民	30
peil	配，搭配；撕（扯）	23
peilzif	成家，结婚（男）	10
peip	排；赔（近现代汉语借词）	16
pel	喷；吹；碰	8

续表

白语词汇	汉义	首次出现课文
pel（gaf）	帆，风帆	25
perl	软，稀；湿	26
pex	（水）冲，泛滥，发（洪水）	20
pia	到（达）；肺	8
piaot	布	22
Pietdat	祥云（县），品赆	16
pilyi	便宜	22
pip	慢；皮（近现代汉语借词）	25
pit	片，个（量词，修饰圆状半圆状物体，如"舌头""太阳"）；谝，讲	13
pitxiaf	闲谈，聊天	30
pix	披；秕（谷）	32
pou	只（眼睛，手，脚）；黄瓜	13
puf	扑	31
pul（pul）	床铺	24
put（sei）	（苇、草、竹等）席子	24
qi	七；…出；从容器中取出物品	11
qi'biawa	七八月，夏天	12
qisua	拔火（罐）	26
Qiwa-zipxi	七月十四（中元节）	20
qia	帖，副（量词，药）	26
qieil	钱	22
qieixbif	铅笔	18
qiel	螺蛳	15
qiepkuil	勤快	16
qier	踢；绣（花）	24
qierl	青；清；听；堂屋两侧卧房	12

续表

白语词汇	汉义	首次出现课文
qierlmerd	清楚，明白，聪明	26
qierlngvf	青鱼	19
qierlyel（zi）mel	清幽幽，清澈	12
qiert	件（事、东西）；青（草）；警觉探听	22
qiertfvl	青翠	27
qierx	请	15
qietjial	请假	26
qihou	气力，精力	26
qikex	生气	30
qil	千；亲；辣；粪；溪；潮，湿	12
qilbersua	千百年	16
qilhoul	气候（近现代汉语借词）	16
qilqil-gaodgaod	麻麻辣辣；亲亲热热	15
qilser	轻视，嫌弃	30
qilyouz-berse	各种各样	18
qilzi	茄子	15
qilzvx-ber'zvx	沉重，沉甸甸	28
qioul	好	8
qioulqioul-xifxif	好好（地）	8
qioulxif	好好（地）	8
qit	刺（名词）；装（进）	19
quil	称（重）；秤	22
quix	烧，点（火把）	17
sa	语气助词（表否定）；撒（秧）；跑；搓球状物（如汤团、汤圆等）	17
sal	三；相互，互相	9
sal'ax	对视	23

· 230 ·

续表

白语词汇	汉义	首次出现课文
salbit	相比	18
salgeiz	相见	9
salguod	相好，相合	23
salhui	相会	11
saljit	相近，（走）拢	23
salwasal	三月三（传统节日）	14
Salwa'zix	三月街	32
salyui	相遇	23
saof	弱，虚弱	26
saofdaod	砂糖	22
saoffvf	伤风	26
saofkux	辛苦，累	18
saol	搔，抓	29
Saolberd	沙坪（地名）	28
Saolberd zoud	沙坪场（地名）	28
saophhep	丈夫，女婿	10
saot	笑；让（开）；绕	29
saxgaofbat	三角板	18
saxjiaof	三脚（架在火上用以支撑锅、茶壶的铁质器具)	24
saz	伞；散（开）；上（税）	20
se	停止；放（下）；擦拭	20
sefyi	生意	16
sei	叶子；舀泼（水）；溺爱；张，片，面（量词）；习（惯）	11
seif	西；山；寺；（新）鲜；仙（人）	12
seifgaodbaod	西海岸，海西	31
seifhuof	鲜花；山花	16

续表

白语词汇	汉义	首次出现课文
seitcal	早点（海东）	15
seitkuert	小腿	13
seitmif（mil）	小小的	32
seitngvdnvd	小黄龙（白族传说故事形象）	31
seix	洗	24
seiz	蛋；下（蛋）；扇子；骗；丝（线）；个、面（量词）	24
seizgerf	世间，凡间	32
sel	数（钱）；还，归还；每（个）	25
ser	割	24
serf	（颜）色；生（一种白族特色菜）	22
set	省（份）；省（略）；让，使；嫁，出嫁	16
setjief（be）	手巾，毛巾	24
setsua	闰年	17
setwa	闰月	17
sex	手；守；首（歌）；就；座（桥）	13
sexbatzi	手臂，手膀子	13
sexgou	四肢，手脚	13
sexguitzi	手肘，手拐子	13
sexjitger	手指甲	13
sexjitxif	手掌，手掌心	13
sexpeil-gouyad	张牙舞爪	31
sexpip	生皮（近现代汉语借词）	15
sextatmaox	手指头	13
sexzei	手腕	13
si	谷，稻谷；宿，借宿；野蜂	24
si'fvl-vvdzouf	诗赋文章	30
sid	坛，罐（大）；神（仙）；昏厥	24

续表

白语词汇	汉义	首次出现课文
sif	书；字；狮（子）；（宗）师	8
siffvz	知识，学问，书法	8
sil	深；申，（属）猴	16
silgex	深厚	16
sit	痛，疼；试；事（情）	20
sit（ssit）	第二	14
Sitceil	昆明	25
sitsalwa	二三月，春季	16
sitvvx	事务，事情	9
sifzeil	实在，真的	20
sou	绳，索；受（罪）；束（发）	28
soul	霜；冰；桑（树）	20
soulsui	霜雪	27
soutsuf	手术	26
soutxif	拿手好戏	29
soux	送；养育	32
sset	让，使；赠送；忍	21
ssexde（sexed）	知道，认识，懂	24
ssit（sit）	第二	14
ssitkuil（sitkuil）	饵块	15
ssitkuilhex	饵丝	15
ssvt（svt）	用	8
ssvtcvt	用处，作用	32
ssvtqi	用力，使力	28
ssvtxif	用心，认真	8
sua	岁；说；血；捋（袖子、叶子）	10
suasua	年份	17

续表

白语词汇	汉义	首次出现课文
suaf	烧（水）；（菜、果）园；双（胞胎）	24
sual	孙（子）；酸	10
sualdad	酸桃	23
sualsit	酸疼	26
sualsuf	算术	18
sualzi	酸汁，蘸水	15
suatbad	算盘	18
sui	雪；（计）算	20
sui'zaz	算账	18
suitbif	钢笔，水笔	18
suithup	水壶，热水瓶	24
suix	不知，不懂	32
sul	烧；艘（船）	15
sulxil-zoufhuix	烧柴引火	24
sulxiaof	数学	18
suofsil	硕士	18
sux	扫（地）；就	24
sv	缩	32
svl	双（量）	8
svlzv'nivx	小孩子	18
svx	鼠	17
svz	山	12
svzded	山头，山顶	12
svzgaz-bexbif	山间湖畔	16
svzjieif	山顶，山尖	27
svzno-gouzhet	山间谷里	29
tal	时间，时候；够（东西）；堂	12

续表

白语词汇	汉义	首次出现课文
taol	套	31
taollao	兔子	17
taotwap	痰	26
tatzi	毯子	24
tei	弟；铁；拆	10
teisou	铁链子，铁索	28
tei'zet	铁树	32
teil	台（事情）；太（近现代汉语借词）	16
tel	（走）下，下（来），下（雨）；腾（换）	12
telbaod	下坡	29
telsoul	下霜	20
tiaopge	调羹	24
til	提（水），提（起）	23
tiou	跳	31
tiou'tel-mer'zoux	上蹿下跳，爬上爬下	29
tip	（考）题，题（目）	18
Tixcip	天池（云龙）	16
tixga-dilzi	天干地支	17
tuil	截，段，根（量词）	28
tuil（ded）	推刨	24
tul	讨（饭）；准备（碗筷等）	24
tutyif	统一	16
tuxmed	土锅	24
tuxsid	土罐	24
tvl	通；懂	17
tvlnidvvt（ngvt）	通情达理，懂事	30
tvt	桶；吐（芽），发芽	24

· 235 ·

续表

白语词汇	汉义	首次出现课文
vafzit	袜子	22
vaz	啊，哇	31
vephual	文化	16
vepjuil	文具	18
vepvvf	文物	16
vepxieil	文献	16
vv	泥鳅；焖（饭）；孵（小鸡）	19
vvd	云；疯；捞	20
vvd'erp	均匀，匀称	31
vvdzouf	文章	30
vvflit	物理；乖，懂事	18
vvp	胃；麂子	13
vvt	…的（所有格）	32
vvt'oud	凤凰	31
vvx	妻子；负（重），背（东西）；岸，埂	30
vvx（xi）	雨	8
vvxsit	本事，能力	31
vvxzex	本主（神）	31
wa	月（份）；外（面）；旺，兴旺	12
wa'baod（wamiz）	外边，外面	32
wa'daot	大月	17
waseit	小月	17
waherl	初…（农历计日）	17
wawa	月份	17
wadded	梁	21
wal（gal）	几（个）	10
wap	挖（土）；（马）跑；鹰，老鹰	16

· 236 ·

续表

白语词汇	汉义	首次出现课文
wapheil-zoujit	种庄稼，干农活	30
wat	网	19
wei	为（了）	12
wei alsert	为什么	30
wei hatleid	为什么	12
weid	甑子，蒸笼	24
weif	温（暖），温（水）；炒（饭）	12
weifni	热闹	32
weifwod	温和	12
weip	佛；佛像，塑像	14
weipmaox	佛母；大佛，释迦牟尼佛	14
weipmaoxjia	佛祖出家日，太子会	14
weix	眼睛；眼，洞；位置，地点	8
weixgerlxif	眼珠	32
weixhe	贪心，心黑	28
weixhetmux	看不上，蔑视	27
weixmeif	眉毛	13
weiyef	因为	32
weiz	喂；喂（食）；磨（盘）；磨（面）	21
werp	写	8
werpsif	写字	8
wof	吧（祈使语气）	32
wofpet	窝棚，草棚	31
wot	完，结束	16
wu（sex, sux, cux）	就	16
wud	胡子；扶，握	13

· 237 ·

续表

白语词汇	汉义	首次出现课文
wut	（猪）圈；吆家畜进圈；五（近现代汉语借词）；丛，簇（竹子等）	29
xi	四；（雨）场，阵；（水）下渗	14
xiji	四季	16
xillilsuer（xillil-suerllerl）	铃响声，丁零当啷	29
xi'qip	稀奇	30
xia	杀；相（互）	15
xiaf	闲，休息	9
xiaf（derp）	箱子	24
xialba	下巴	13
xiaof	箫，笛；推；销（门）	27
xiaoftal	学堂，学校	8
xiaozmaol	（小）帽，帽子	22
xiaozxiaof	小学	18
xiat	想；希望；打算	9
xief	…些；修行；（时）兴，兴（起）	15
xieithual	显化	32
xielqieixzix	信笺纸	18
xier	天，日；夜；弱，差	28
xierl	星；雨过天晴	20
xierxguaf	脖，颈	13
xierz	姓；性（子）	9
xiexqi	星期	17
xiexqi'ni	星期日	17
xif	…的（地）；串，穗（量词）	12
xif（xil）	心；柴；新	8
xifgafpia	心肝肺；宝贝，心肝	13

· 238 ·

续表

白语词汇	汉义	首次出现课文
xifgel-ger'ded	胸口，心口	13
xifhet	中间，中心	12
xifhhep	心力，精力	16
xifmel	…的（地）；心里，心中	12
xilmierzzi	口水	15
xilxit	阴凉	20
xioud（youd）	松（树）	27
xioudlad-jieixzv	松竹梅兰	27
xiouf	香（味）；（烧）香；乡（村）	27
xiouffvlfvl	香喷喷	27
xioulye（xioufye）	乡村，乡邑，村寨	31
xiout（yout）	诵（读），咏	18
xioux	少	12
xithuaf	喜欢	8
xitxit-huafhuaf	喜喜欢欢，高高兴兴	8
xix	死	31
xuid	（一）巡，（一）轮	17
xuid（yuid）	像，似	16
xuix	水	12
xuixgudluf	水花，水泡	31
xuixcux	水草	28
xuiz	…多，…许	16
ya	呀	23
yad	抓，扑	28
yadhe（merhe）	起床，爬起	24
yaod	吧（征询语气）；片，叶；件（衣服）	21
yaof	邀，约；（起）来了	21

· 239 ·

续表

白语词汇	汉义	首次出现课文
yaojiet	要紧；重要	16
yaoz	夜；老婆，妻子	15
yaozfvf	宵夜	15
yaozhet	夜里，晚上	15
yap	由，从	13
yapfafzuf	火柴	24
yapgao	牙膏	24
yaplaf	洋蜡，蜡烛	24
yaplif	阳历	17
yapsuaf	牙刷	24
yapwa	腊月，十二月	12
yapyuil	土豆，洋芋	15
yaz	（走）回；呀	21
ye	吃；村子，村邑	9
ye'dierl	吃的，食物	29
ye'luf-hhexbux	吃饱喝足	29
ye'qioul	好吃	15
yeddef	油灯	24
yef	来	9
yei	叔叔；（大）烟	10
yeicilkvl	翅膀	20
yeid	船	25
yeidkaox	船费	25
yerd	铃铛	29
yerz	背（东西）	25
yeyuit	英语	18
yi	一（序数词）	12

续表

白语词汇	汉义	首次出现课文
yiwerl	医院	26
yid	寻找；找（补）；镰（刀）	21
yif	衣（服），（上）衣；依（从），同意；一（近现代汉语借词）	11
yifdaf（zix）	刀	24
yifdafmaox	砍刀，砍柴刀	24
yifgua	腰杆	13
yifguaf	衣裤，衣服	22
Yiffvf	夷方（泛指今保山、德宏等滇南、滇西南地区及缅甸一带）	25
yit	（锋）利，（锐）利	20
yixlit	痢疾	26
yixsix	拉屎，大便	26
yiz	穿（衣）	11
you	药	26
you'dafzi	药方，要单（子）	26
youd	羊；杨（树），杨（姓）；扬（谷）；阳（溪）；摇	11
Youdqil	阳溪（苍山十八溪之一）	32
youf	游（水）；容（许），允许	19
youffvz（youlfet）	（豌）豆粉，油粉	15
youplatyeid	旅游船	25
youserf	医生	26
youserfput	诊所，卫生所	26
youtjierf	诵经	32
youweidzi	药丸	26
youz	样（子）；样，种	15
youzzi	样子	27

· 241 ·

续表

白语词汇	汉义	首次出现课文
yui	（头）晕；玉；遇（见）	26
yui'qi	运气	32
yuid（xuid）	像	16
yuilmerl（nilmerl）	玉米，包谷	16
yuipgui	圆规	18
Yuipnap	云南	16
yuipzv'bif	圆珠笔	18
yuitvep	语文	18
za	数（数），占（算），列举；换（零钱）	24
zafsif	扎实，很	15
zeiljieil	再见	21
zal	全（部），全（都）	10
zaldier（zi）	全部，都	16
zalgerd（zi）	全部，都	13
zaod	茶；…去了	22
zaodgud	茶壶	24
zaodjuif	茶罐	24
zaodsei	茶叶	22
zaofyi	商议，商量	32
zaohu	招呼，小心	22
Zaol cerfhoul	赵泽厚	30
Zaol suifpiep	赵雪屏	30
zaop	说，（说）道；遭（受）	17
zaopkuil（zoupkuil）	石头	24
zaopzed	办法，措施，成就	28
zaotzi	爪子	31
zaox	是（的）	9

· 242 ·

中　编

续表

白语词汇	汉义	首次出现课文
zaoz	根（扁担）；山地，旱地	24
zap	煮（米）；焯（菜）；感觉，估摸	24
zaz	帐（目）；丈	18
zef	蒸；闷热；争（斗）；州（县）	20
zef（def）	（拿）来	22
zei	再；折（断）；摘	8
zei'niou	又，再，而且；还要	31
zei'bit	比	18
zeid	（钱）财；整齐；裁，缝（衣服）	24
zeif	煎；搅（拌）	19
zeiftiaol	毡子，毛毡	24
zeil	怎么，咋（个）	29
zeiljieil	再见（近现代汉语借词）	21
zeilmel	怎么	13
zeilsip	马上，很快	26
zeip	舌头；折（本），缩减；（一）截	13
zeit	蘸（水）；蘸（墨）	15
zelcerf	政策	16
zelmiep	证明	26
Zelzerd（Zilzerd）	周城（大理村名）	10
zerd	城，城市；成（为）	9
zerd het	城里（特指大理古城）	9
zerdserxni	昨天	17
zerf	折（回）	30
zerfwa	正月，春节	14
zerfzi	桌子	19
zerfzi-bazdel	桌椅板凳	24

· 243 ·

续表

白语词汇	汉义	首次出现课文
zet	树；驮子；站（立）；棵，根（树）；套，身（衣服）	13
zetded-ngvsei	树木花草	28
zex	是；有；在；柱子；挂；撑（船）；因饭菜肥腻而倒胃口	9
zexhhep	有劲，有力气	31
zez	驮，载，运载	25
zezhuo-zezvvx	驮载货物	29
zi	儿子；男（人）；恼火，发怒；表小词缀	13
zi'ba	牙齿	13
zid	时，时辰；秧（苗）；伸（手）；浸（泡）；（走）去，（去）往；…成	9
zidgerx（zidjia）	时候，时节	15
zidjia-wa'ni	岁时	17
zif	真（实）；针；增（加）；踪迹，痕迹；位置；支（起）	21
ziffvf	嘱咐，交代	31
zifyoud	绵羊	11
zifzif	踪迹，痕迹；位置	28
zil	做；作；话题标记；则，就	9
zildad-zilgaoz	发抖	26
zilfvf	制伏	31
zilfvl	蜜蜂	23
zilnid	做人，为人	30
zilnidxit	结婚，办喜事	10
zilsefyihuox	生意人，商人	25
zilssap	自然	18
Zilzerd（Zelzerd）	周城（大理村名）	10
zilzix	赶街，赶集	21

续表

白语词汇	汉义	首次出现课文
zi'nid	男人	13
zip	十；拾，捡	10
zipbia	十八	12
zipjiex	十九	12
zipnei	十二	12
zipyi	十一	12
zipyi-yapwa	寒冬腊月	12
zit	原因，根源；（动物）生崽	26
zitdil	俊秀（指男子）	31
zitvvd（medgaoz）	雾，雾气	20
zix	街，集市；酒；纸	22
zixded	枕头	24
zixwap	纸鸢，风筝	23
zixxuix	酒水	22
ziz	放，释放	28
Zizilzou	自治州	16
zou	穿（鞋），戴（手镯）；砍；犁（田），耕（地）；鸟，麻雀	11
zoud	肠；长（短）；藏；场（山地间的狭长坝子）	13
zoud（zouf）	床	24
zoudcvt	长度	32
zoudduix	长远	16
zouf	装（进）；（村）庄；带，领	24
zoup	石（头）；中（毒）；着，结（果）；长（虫）	24
zoup cer'daot	晕车	25
zoupjiouz	石匠	16
zoupkuil（zaopkuil）	石头	24
zoupngerd（ngerdzoup）	岩石，石崖	28

续表

白语词汇	汉义	首次出现课文
zoux	上（坡），上（门）	10
zouxbaod	上坡	29
zouxmeid	上门，入赘	10
zu'xiaof	中学	18
zua	撞	28
zuaf	桩，件，种（量词）；（树）桩；装（扮）	22
zuafjiaf	庄稼	16
zufsif	宗师，老师，有学问者	30
zui	断，绝；拧（毛巾）；挤（牛奶）	16
zui（gvt）	扫帚	24
zuil	最	15
zuiz	转，旋转；趟，转（量词）	21
zuldit	重点	16
zuof	（用）着；着（打），被（打）	19
zuoz（kuol）	灶	24
zuozfaf	灶房，厨房	24
zuozsex	工作，活计	15
zux	早；（水）藻	15
zuxcerxhe	大早上	17
zuxmerdberp	早晨，早上	15
zv	个（鼻梁）；条（河）；根（衣带）；…（得）住；竹子；冲打	13
zv'zei	竹节	27
zvd	虫	32
zvd（seiz）	锄头	24
zvf	冲打	30
zvf（beid）	盅，杯子；钟	24
zvp	熟；属（相）；浊	17

续表

白语词汇	汉义	首次出现课文
zvt	筷子；(虫)蛀	24
zvx	煮；重，重（量）	15
zvxjieix	炖梅	15
zvz	种（植）	16
zvzfvf	种痘	26

下 编

课外阅读材料（10篇）

上 编

国外图书材料 (10篇)

第三十三课 诗歌两首

Deitsalzipsal kuol Sigao goux sex

一、你家门口有梅树①

Nal meidmef zex bifjieix dei

Nal meidmef zex bifjieix dei,	你家门口有梅树，
bel huof keil pia bel zet ded,	梅花开到树梢头，
bel kuox zoup bel dei.	梅子结到根。
Bif coul bel bad xiouffvlfvl,	微风拂过香扑鼻，
ni zouz bel no seifbeixbeix,	日照枝头花更鲜，
niou'nilguod zil jieix det wut,	这棵梅树惹人爱，
ye du xif bet xix.	不吃不死心。
Dietcaolseif gaf duiz Hexjieix,	点苍山高对喜洲，
Ssidgud sex duiz guafyef seif,	功果桥对观音寺，
Jieifcix duiz Deitleix.	金齿（保山）对大理。
Bal zaop Jieipcuil duiz Hhoupkert,	人说剑川对鹤庆，
Laofmerfjierx duiz Laodhaolxiei,	宝丰井对浪穹县（今洱源），
seitdaotzouz duiz nivxnazzi,	小伙要对小姑娘，
saofdaod duiz fvlmi.	砂糖对蜂蜜。

---

① 洱源西山白族民歌。根据中国科学院少数民族语言调查白语调查组 1957 年调查材料改写。原文为国际音标，未刊。歌词上半段皆为三句，应缺一句调头，根据押韵推断，调头应为 seit nivttei（小阿妹）或 jieix laoz duix（机落堆）。

二、妹妹嫁得远①

Nivxtei set no duix

Xuillil suaf het berpdad dei, ngel maox soux ngal sal zittei. daotjix erljix gez ye het,② nivxtei set no duix. Sal xier bei pia Salyerd dat, xi xier bei pia Laodhaolxiei, ngvx xier mel pia at maox naz, mipxip seix juixweix. Maod yifdaf zil cuax lagerd, kel gvtmeid zil gef berpmeix, ngel maox bei zid zil ye cal, ngel cux bet ded miz berpweix, at maox ngel cal ye hel laoz, berf fei nil xifhuix.	一株白桃长梨园, 我妈养我三姊妹, 大姐二姐嫁村里, 小妹嫁得远。 三天走到三营赕, 四天走到浪穹县, 五天才到阿妈处, 眼泪把脸洗。 磨了菜刀切腊肉, 开了柜子舀白米, 我妈走去做早饭, 嫂子冲我翻白眼, 阿妈我已吃过饭, 白费您柴火。

---

① 大理市挖色白族民歌。根据王富先生《鲁川志稿》记录同名民歌（原文为汉字白文）改写。
② ye het（村里），另有版本作 cuilxiouf，意为"村乡"，指本乡本土。

第三十四课 大理石的来历[①]

Deitsalzipxi kuol Cutsif zeilmel ngerdyef

Beldedmef, heil no zex ze'piaot seifnivx jiax nid, bel mierf hhef Yuilnivx, baot ze qi yef no piaot nerl wu heil no qilyouz-berse no vvd ya laoz.

Yuilnivx det nid zux zep qierl guoz Deitleix jitfvf hux jietzil, nerl xiat bei tel ga guerx. Vvt'oud ded cv baot zvtyi, nerl bei sua Wapmut niapnia mel zaop xiat bei ga Deitleix no jietzil hua tel yef, jiaxleid zil ze qi vvd ya le'le ax qioul laoz. Wapmut niapnia dafyet baot laoz, zuit baot bei tel sal xier. Heil no sal xier wu nial seizgerf het sal sua le vaz.

Yuilnivx ded bei tel nial Dietcaolseif no, hal de nial Deitleix jilxioux hux jitfvf, xifmel xithuaf xia, baot guerxxiaf bef bef, huahual bef bef, nerl bei pia Yellerlfex Yetxieixqil, hal de saflil-safga nidgerf jiax wof zex belda der zoupkuil. Bier bal nerl zaop ngvddeizbaof ded niou bal sazsuiz, nerl bal saz he duox, diddaox bei zoux svz no der zoupkuil. Sua sua zilqit zex seitdaotzouz jiax nid zet zv duox nerl dou cerx tel jitberd no. Seitdaotzouz nid bel mierf hhef Berflap, bel maox nid zux mux sa, bel dix qierl hhexmaox doud, ga baot yap haotdvf jieip qi, bel sexlit at leid mux nerl bei zoux svz no der zoupkuil, ye leil ye bux mux, zei lerz niou saofkux, yuiz guoz zid hel laoz.

Yuilnivx ded hal de Berflap zex hux seitdaotzouz ded, nerl sua zaop da bel no guoz ni'xier, nerl zil Berflap bel vvx hel laoz. Yuilnivx ded guaz bel sit der zoupkuil, baot zex svz no bei guoz cvt, zoupkuil ya at gert gert zi biz zil sepsep no yuilsif ya, Yuilnivx nil Berflap hhef jiapweix huox daphuot bei zef wap, jiaxleid zil at ye at dat ber'xierz huox zalgerd guoz de hux ni'xier laoz.

---

① 根据大理市白族民间故事综合编写。

Nerl heil no guoz hel sal xier laoz, Yuilnivx dil bei daz zid mux. Oulzap jiax ded zuerfvvfjif, ga Yuilnivx nil Berflap sitvvx gat get Wapmut niapnia. Wapmut niapnia zi he yaof, serx de xieixhaof jiax ded bei tel yef dei yaz baot heil no.

Yuilnivx nerl xiat ga Dietcaolseif no zoupkuil ya zaldier biz zil yuilsif, nerl jieip miz duox sa. Baot sertbetnei Berflap nil Deitleix, Berflap leil out zil zil xix. Xieixhaof ded dei jiert Yuilnivx fvf zoux heil no bettal, Berflap jix jiert Yuilnivx no wutceit yifzvl zv ziz sex mux. Xieixhaof ded nil Yuilnivx yuif fvf yuif gaf, yifzvl zv jix zui haol, wutceit yifzvl zv piao tel geif Dietcaolseif no, nerl biz zil qi no huof ngvd lv cer berp qierl he youzyouzzi zex no zoupkuil, wu dettal nial Dietcaolseif no qilyouz-berse no cutsif ya laoz.

汉译：

大理石的来历

从前，天上有一位织布的仙女，叫玉女。她织的布，就是天上五颜六色各种各样的云霞。

玉女早就听说过大理景致秀丽，想下来观赏。凤凰给她出了个主意，去告诉王母娘娘说，想去把大理苍山洱海的景致画下来，这样就能织出更加美丽的云锦。王母娘娘答应了，准她下凡三天。天上的三天就是人间的三年呀。

玉女下凡来到点苍山上，看到我们大理是多么好的一个地方，心里高兴极了，她一边观赏景致，一边画画，来到了（苍山）应乐峰隐仙溪，看见一群面黄肌瘦的人在那里打石头。一问之下，原来是皇帝要让他们上税，他们交不起税，只好到山上来打石头。正说着，有一个小伙子站不住，倒在了地上。这个小伙子叫白郎，他的母亲早去世了，他爸爸听后妈的话，把他从家里赶出来，他只能到山上打石头来谋生。因为吃不饱饭，又累，就晕倒在地上了。

玉女看到白郎是一个好小伙，（就喜欢上了他，）说想和他一起过日子，于是就做了白郎的媳妇。玉女帮白郎打石头，她在山上走过的地方，一块块石头都变成了美丽的玉石。玉女和白郎叫同伴们一起来挖玉石，这样一来，乡亲们都过上了好日子。

天上的三天过去了，玉女还没有回去。一只多嘴多事的喜鹊，又把玉女和白郎的事情告诉了王母。王母十分恼怒，就叫一个仙鹤下凡把玉女带回天上去。

玉女本来想把点苍山上的石头都变成玉石，但是已经来不及了。她舍不得白郎和大理，白郎也伤心欲绝。当仙鹤带着玉女往天上飞的时候，白郎紧紧拉着玉女的五彩腰带不松手。仙鹤和玉女越飞越高，玉女的腰带断了，五彩的腰带飘落在苍山上，一下子变成了各种颜色都有的美丽石头，这就是现在苍山上五彩斑斓、异彩纷呈的大理石了。

第三十五课　　出租碗盏的龙[①]

Deitsalzipngvx kuol　　Kaox geizngerx no nvd ded

一、课文

　　Guxbeit sex het, nidgerf huox xif ao zif, sua berpdoud-berpsoul mux. Jier de bal mel huovvx nerl ssvt guoz hel zil ngerdjiet sel daz bal le. Nvd'oud ya leil xit bal doud. Yui de zilnidxit nil cvfsa souxsouz let xief niou qierxker baz sitvvx zidjia, geizzi ba'nivx luf mux, zil bei kaox nvd'oud ded mel. Didxiaof werp bel no sif zouf, at erp at erp gufguf-zetzet werp merdberp kaox geiz jil beid, ba jil pou, zei nei bit bel no jieifnid-zixhuix fvz, yifsout nei zid nvdbex bifmel, xieix yout kaox geizzi-ba'ngerx no sif zouf, sul daz bel no jieifnid-zixhui fvz, hel zei gvt tel dou'dedbaod sazfv. Ger hel atbefzi zil, nvdbex bex het zil qierl de gudluf-gudluf no cerlqi, geizngerx ya wu at beid zex beid hhex bed zoux yef laoz. Geizba let ya, jiel zex mouzcip geiz, sul no leil qioul, bel no zei hua de nvd. Kaox geizba huox ga geizzi-ba'nivx ya ka ni nvx leid het, vvx daz haotdvf zid. Ssvt wot hel hhex, li'li sefsi daz bel zif het, at beid at beid se ni nvdbex leid het, geizngerx ya wu hhoup tel bel jix het zid laoz. Nvd'oud ded jia de hel, sel de at beid leil xioux hel mux, zil hhex jiad zei ssvt zuof didmel kaox de derx naf. Nerl belhhex zex nidgerf jiax huox, vvtxiz (fvfwut) geizngerx mux, der kul hel no leil zex, der paot hel no leil zex, zex at huox xif kuox hei, kaox zef no geizba ya leil sel yaz get nvd ded mux. Jiaxleid zil, citle-citle nvd'oud ded leil kaox get nidgerf huox geizngerx mux laoz. Pia lettal, zex jiax huox haotdvf zei zoud de sel yaz zid mux no nvdgeiz nvdba naf.

---

① 根据徐琳先生《白语话语材料》（载《民族语文》1988年第3期）改写为大理方言。

· 256 ·

汉译：

租借碗盏的龙

从前，人们的心地很善良，从不说谎话骗人。借了别人的东西，用完以后，赶快如数归还。龙王也信他们的话。遇到要办红白喜事请客时，碗盏不够，就可向龙王租借。只要写个字据，一行一行工工整整地写清楚借多少碗、多少钵头，再带上金银纸钱，一块儿拿到龙潭边上。先念字据，再烧金银纸，然后跪下磕头祈祷。不一会儿，就听到龙潭里有咕噜咕噜的响声，大碗小碗就一个跟一个地浮上来了。这些碗盏，全是细瓷碗，烧得很好，上面还有各种龙的图案。租碗盏的人点好碗数，就把它们扣在背箩里背回去。用过以后，又收拾好，仍背到龙潭边一个一个地放进龙潭里，碗就一个接一个沉到水底去了。如果龙接到的碗一个也不少，以后再借才能借到。但后来有一些人借了碗以后，不珍惜这些碗盏，有的把碗打缺口了，也有打破了的。有些人的良心更坏，索性不把碗盏还给龙。就这样，渐渐地龙也不给人们借碗盏了。直到现在，有一些人的家里还藏着一些从龙那里借来的碗盏。

第三十六课　望夫云[①]

Deitsalzipfv kuol　Guerxvvxmaox vvd gaof

Napzaolguerf zidjia, ngvddeizbaof nid zex nivx jiax nid, bel mierl hhef A'fel gu'zvt. Bel dix nerl niou xiat zaof get baot daotguaf jiax nid, nerl A'fel gu'zvt baot xithuaf mux.

Zex jiax ni, A'fel gu'zvt zex zix no yui de seitdaotzouz jiax nid, bel mierf A'lup, baot zex Dietcaolseif no jieipsvznid. Nerl A'fel gu'zvt xithuaf geif bel no, xif het mix de zaop niou zaof A'lup zil bel saophhep. Baot bei yaz zid sua bel dix mel, nerl ngvddeizbaof nid ga A'lup gvf ni zerd het, da zilguafhuox no bit vvxsit, nerl A'lup no vvxsit feix hux, zilguafhuox at nid leil aod bel no duox. Belhhex zil ngvddeizbaof nid xif mel dil mix zaop zaof jieipsvznid zil bel nivxsaophhep zil bel juixweix at ce mux laoz, nerl baot bif bel nivx nid gez get daotguaf nid.

Det huif nerl A'fel gu'zvt niout aod bel dix no duox, baot werp de sif fvf, serx oulzap ded soux pia A'lup sex het. Nerl werp de bel no zaop: naot mutni-mutzid bei zef gez ngaot, naot did bei pia mux zil salgeiz de duox laoz. A'lup sif fvf jia de hel nerl dei'bei-dei'paot ngerd zerd het gez A'fel gu'zvt. Bei pia baz tux no, yui de guxbaof jiax nid, guxbaof det nid zex seifnid nid, bet nid sset get baot de yeicilkvl zad, baot cux fvf he yef laoz, at jiad fvf ni ngvddeizbaof haotdfvf, ga A'fel gu'zvt zuit he nerl fvf zoux Dietcailseif svzjieif no, goux nid zoud ni dvz leid het.

Ngvddeizbaof ded zaopzed mux, nerl baot bei yid Jisa zatlaoz nid, qierx bet nid guazsit. Zatlaoz nid sua zaop: "Nil bei bel hhex yid duox, ngaot dad nil baod bei zid gefjiou daox laoz."

Hel nerl zatlaoz det nid sex oup tel yef daot sui jiax xi, ga zetded-ngvsei leil zil

---

[①] 大理市白族民间故事，喜洲镇美坝村李如兴老人（时年85岁）讲述，李煊、王锋记录改写。

ya ba, nerl A'fel gu'zvt zex svzded no gef aod no duox laoz. Hel A'lup ded sua zaop: "Ngaot bei zid hel Jisa no dat zatlaoz nid dedbaofyif koul, zil naot sex weifwod laoz." A'fel gu'zvt youf baot bei mux, nerl baot zaop gerf niou. Baot ssex bet de sui det xi zex zatlaoz nid zvlyilzi oup tel yef, zatlaoz nid sex sui de jiaxleidzi ger jiert baot laoz.

A'lup nerl fvf pia Jisa, zatlaoz nid tuilmaf cerx ni haol. A'lup ga zatlaoz nid no dedbaofyif koul cit zed cit zed nerl zed qi zid, nerl fvf qi yef laoz. Zatlaoz nid jieip qi bel hhex yef, jieip qi pia gaod gaod no, nerl ga A'lup ded der luof tel gaod gaod het ngerd, zei ga baot biz zil qierlzoup laofzi ded.

A'fel gu'zvt nid dex A'lup bei daz yef mux, gefgad zil zei qi'out, nerl xix Dietcaolseif no hel laoz. Sitsalwa zex A'fel gu'zvt biz zil vvd jiax gaof, ax A'lup bei daz yef nil mux. Vvd det gaof cv qi yef nerl qierlzoup laofzi ded leil sex zex gaod gaod het merd ke yef. Qierlzoup laofzi ded merd ke zil gaod gaod het bifsif daot pel, mafyeid huox leil ngerdyeid yuix laoz.

Guaye pupsa hal de bal mufdafzi, zex Erxguerf yerz de wuxgud jiex kuox, belhet zouf de bifsif. Bet nid xiat nei bifsif ga A'lup no pel qi baot, nerl jiouz A'fel gu'zvt nil baot ga salgeiz.

Zatlaoz det nid leil sui de laoz, nerl biz zil guxbaof jiax nid, bel fv jilka, nerl niou ye Guaye pupsa mel dierl. Guaye pupsa xif ao hux nerl bei zil get baot ye, nerl baot ga wuxgud daot dier bel fv kuox der keil hel, ga daot bifsif ya ziz Erxguerf belda hel laoz. Hel nerl Erxguerf zex bifsif daot. Set tel seit wuxgud sal kuox nerl bifsif leil seit, ga A'lup no leil pel qi ye duox sa laoz.

汉译：

望夫云（直译为寡妇云）

南诏国的时候，皇帝有一个女儿，她的名字叫阿凤公主。她的爸爸想要她嫁给一个大官，但是阿凤公主不喜欢。

有一天，阿凤公主在街上遇到一个小伙子，他的名字叫阿龙。他是苍山上的猎人。阿凤公主爱上了他，心里想着要嫁给他。她回去告诉了爸爸，皇帝就把阿龙叫进了城里，和朝廷里的大官比本事。阿龙的本事很好，官员们都比不过他。但后来皇帝心里想，如果他招了一个猎人做女婿，他就脸上无光了，他还是逼着他的女儿嫁给大官。

阿凤公主拗不过爸爸,就写了一封信,让喜鹊送到阿龙手里。信上说,你某天某时来救我,你要是没来的话就再也不能相见了。阿龙接到信,就连走带跑地去城里救公主。走到半路上,遇到一位老人,这位老人是位仙人,他送给阿龙一双翅膀,就能飞起来了。阿龙一下子就飞到皇帝家里,把阿凤公主卷起来,飞到苍山顶上,两个人藏在山洞里。

皇帝没有办法,他就去找鸡(足)山的长老,请他帮忙。长老说:"您不要跟在他后面去找他,我会帮您追究这件事。"

然后长老就作法,下了一场大雪,把树木都压倒了。阿凤公主在山顶上冷得受不了。阿龙就说:"我去鸡山把长老的袈裟偷来,这样你就暖和了。"阿凤公主不让他去,他说不用怕。他不知道这场雪就是长老故意下的,长老算好了这样捉住他。

阿龙飞到鸡山,长老假装睡着了。阿龙把他的袈裟一点一点地抽出来,就飞出来了。长老在后面追出来,追到洱海上,就把阿龙打落到海里,还把他变成了一头青石骡子。

阿凤公主没有等到阿龙回来,又冷又伤心,就死在苍山上了。二三月的时候阿凤公主变成一朵云,看阿龙出来没有。这朵云出来的时候,青石骡子就会在海里叫起来。石骡叫起来的时候,海上狂风大作,(波浪滔天),洱海上的船家都不敢行船了。

观音菩萨看见他们可怜,就在下关那里背了九个葫芦,里面装着风,她想用风把阿龙吹出来,让阿凤公主他们两个相见。

长老也算到了(这件事),他就变成一个老头,肚子饿,跟观音要饭吃。观音菩萨心肠好,就去做饭给他吃。(在观音菩萨做饭的时候)长老就把六个大葫芦都打开了,把大风全都放到下关了。以后下关就一直风大。剩下的三个小葫芦风小,就再也不能把阿龙吹出来了。

第三十七课　杜朝选的故事[①]

Deitsalzipqi kuol　Dul caopsuit

Dul caopsuit det nid nerl baot zex Gaoddvf nidgerf. Baot zex dersvznid.

Bet zidjia, Zilzerd det weix cv qi daotbierkvx jiax ded, daotbierkvx det ded nerl at jiad niou ye svlzv-svlnivx at duiz. Nerl ber'xierz huox niou zil soux get baot naf. Nerl baot zei qiat zid nivxnazzi jiax goux nid zil bel vvx. Ber'xierz huox zil sou bel zui sou zv duox laoz, nerl zil bel mel zaopzed mux.

Dul caopsuit det nid bei zid Gaodseif, yui de daotbierkvx det ded, nerl zoup de get baot jiz muz, nerl baot mud yaz dvz leid het zid, bel sua ya yiftux-yif'erp ged de. Hhexni nerl Dul caopsuit yid jierd bel sua zifzif, jieip zoux svz no yef laoz. Hel zex gouz leid het hal de bel no vvx goux nid bei qi yef seix yifbeiz. Bal goux nid bier baot zaop: "Nil bei zef daod alleid? Nerl douxmiz no dvz leid het nil bei ni duox le, nil zad bei ni zid zil daotbierkvx leid ga nil ye hel le. Ngal leil guoz qi bel sex het duox laoz." Nerl Dul caopsuit sua zaop zex: "Ngaot bei zef sex gez nal laoz. Zeilmel der xia baot nal ssexde nil mux?" Hel nerl bal sua Dul caopsuit mel zaop: "Zad zil bei zef gez ngal zil ngal bei ni dat qi bel no baozjieil zix naf, muxzil ga baot der xia hel duox."

Bal bei yaz dvz leid het, daotbierkvx leid zex belda cerx jiert. Nerl baot zaop: "Cul de nidgerf qi bad bad." Nerl bal sua zaop: "Det weix nidgerf zeilmel bei ni derx? atgel cerx ni ket dier, ngal leil luitluitzi." Nerl luit jit baot nerl sua bel mel cerx ni ket dier cerx ni ket dier, baot dvt at dvt nerl zed at zed, ga bel baozjieil zix zed qi yef nerl nei get Dul caopsuit, sua zaop: "Nil zad gez ngal le, zil nil bei ni ngerd hel, nil duoz bel baofzigou leid naz, gouxsex-gouxpou duoz sal daf, sal daf ded

---

[①] 大理市白族民间故事，喜洲镇美坝村李如兴老人（时年85岁）讲述，李煊、王锋记录改写。

no duoz duox le, duoz sal daf ded no zil baot zei herl daz yef laoz."

Jiaxleid hel nerl Dul caopsuit bei ni dvz leid het, ga daotbierkvx leid xia hel laoz. Baot bei qi yef yid niapnia goux nid, nerl niapnia del goux nid lerz tiou ni gvf leid het xix hel laoz. Dul caopsuit leil xif mel feix sit, nerl baot leil tiou ni gvf leid het da bal no xix at weix hel laoz.

Helhhex, Zilzerdhaot ga Dul caopsuit jie zil bal vvxzex nid, zerfwa zipxi det ni nerl bal jia weip, jia Dul caopsuit nil niapnia goux nid guozjia.

汉译：

杜朝选

杜朝选是海东的，他是个猎人。

那时候，周城那里出了一条大蟒蛇，每次它要吃一对童男童女，人们还得送给它。它还把两个姑娘抢去做媳妇。老百姓受够了它的罪，但又拿它没办法。

杜朝选来到海西，遇到了大蟒蛇，就射了蟒蛇一箭，蟒蛇受伤逃回洞里去了，它的血流了一路。第二天杜朝选跟着血迹走上来，追到山上来了。他在山箐里看到两个姑娘出来洗衣服。她们看见杜朝选，就问："您上来干什么？上面的洞里您别进去，您要进去的话蟒蛇会把您吃掉的。我们在它手里已经没法过了。"杜朝选说："我来就是要救你们。你们知道怎么样才能把它杀死？"她们对杜朝选说："如果您是来救我们的话，我们要进去把它的宝剑偷出来，不然杀不了它。"

她们回到洞里，蟒蛇在床上睡觉。蟒蛇说："好像闻到人的气味。"两个娘娘说："这里怎么会有人进来，你朝里睡点，我们也躺一躺。"她们躺到蟒蛇身边，让他往里睡，趁它动身子的时候把宝剑往外抽一抽，动一动抽一抽，终于把宝剑抽了出来，拿给杜朝选，说："您要是救我们，您进去以后，就要剁它的脖子，要用两只手使劲剁三刀，不能超过三刀，如果超过三刀，它就又活过来了。"

杜朝选就进去把蟒蛇杀死了。他出来以后找两个姑娘，才发现她们已经跳进河里自杀了。杜朝选很伤心，他也跳进河里，和她们一起死了。

后来，周城人把杜朝选敬奉为本主。每年正月十四要接本主神，接杜朝选和两位娘娘过节。

第三十八课　洱海月[①]

Deitsalzipbia kuol   Gaodmifwa pit

Alherf det nid zex Gaoddvf nidgerf, seitzidjia bel dix bel maox zux mux sa, culseit baot wu zex gaod leid het ger ngvf.

Zex jiax ni, baot bei ger ngvf nerl bei zux haol, he'le-mumierz nerl at leid leil ax bet de, ngvf leil ger de duox, nerl baot gvz geif gaodbif mel gud sex gou no jidkv.

Nerl heil no zex nivxnazzi qi zittei, bel maox leil zux xix haol, zuil seit bet nid nerl bel mierf hhef Qifnivx. Bel dix zex mifwa ngvx pit le. Bel maox mux hel nerl, bel dix zei tul de hhexmaox jiax nid, baot zex deipmaoxnvd xief zerd no, bel xif leid feix hei, nerl Qifnivx svp hhexmaox, ni'xier guoz tel duox laoz, hel baot dap heil no dat mud tel yaof, zei ga bel dix no mifwa leil dei bit yef at pit.

Qifnivx mud tel nial gaodbif no nerl qierl de Alherf zex belda jid de bel no jiax diou zi. Alherf hal de Qifnivx mux. Nerl Qifnivx sua zaop: "Alherf gaogao zil siga jid qioul." Alherf nerl zaop huahua'nivx jiax nid zeilmel ssexde ngel mierf cerl, nerl sua zaop: "Mux, ngaot leil did gafbix jid gal cerl. Gerlni bei zux haol nerl ax bet zif, ger ngvf leil ger zid duox." Hel Qifnivx ga bel dix no mifwa pit juif qi yef, zouz ni gaod leid het, ga gaodjix het leil zouz zil merdsuerl zimel, ngvf ya wu at wof at wof wap jit yef laoz. Hel Qifnivx sua Alherf mel zaop: "Bei daz yaof nel jiap huox ngerd, gvf jiap huox da nel no at nid ger wal ded." Jiaxleid hel nerl Qifnivx zil Alherf bel vvx laoz, ngvf ya leil ger wot duox, bal atye'zi ni'xier guoz qioul he laoz.

Qifnivx bel hhexmaox det ded zex deipmaoxnvd xief zerd, baot xiat ga Qifnivx gez get bel jip ded, bel jip ded leil zex deipmaoxnvd leid. Qifnivx mud qi yef hel nerl, hhexmaox ded serx bel jip ded bei tel yef yid. Deipmaoxnvd leid bei tel yef,

---

① 大理市白族民间故事，喜洲镇美坝村李如兴老人（时年85岁）讲述，李煊、王锋记录改写。

· 263 ·

zex nial gaod gaod het huatdef-huatzid, ga ger'ngvfhuox yeid leil der ferx, ga gaodbif no jitdat ya leil pex haol. Hel Alherf bal da bel no daot der, nerl der aod bel no duox, Qifnivx leil bei qi guaz bal sit, atgel jiaxleid zil deipmaoxnvd leid ssexde Qifnivx zex nial alda laoz, baot mud yaz heil no gou zoux bel guf nil bel gulme mel. Qifnivx bel dix zex serx seifnid huox bei tel yef nei yaz baot heil no, bet zid nerl Qifnivx mel leil zexcil laoz.

Jiaxleid nerl Qifnivx sua Alherf mel zaop: "Ngaot did bei zoux heil no zid zil salgeiz de duox laoz, dettal zexcil laoz zil svlzv'nivx ded no naot dap baot mierf cerl, ngaot set daljix jiaof tel get naot yaof." Hel Qifnivx bei daz heil no ngerd sou'zui laoz, zv'nivx ded jizherl hel nerl bel daljix ga jiaof tel yef, betzidzi zex Alherf leil xix hel laoz, baot zil qi xia hel. Baot souz alna weix leil baot xix dedmef sua cil tel, baot zaop souz gud leid gou no baot jidkv cvt, souz belda zil baot da Qifnivx no salgeiz de derx le. Bal yehethuox mix Alherf nil Qifnivx duaz, nerl daphuot ga Alherf nil Qifnivx cil tel yef zv'nivx ded leil weizsoux daot hel laoz.

Qifnivx xif kuox hux, baot bei daz heil no dedmef, baot ga dat tel yef no mifwa pit nei cil Alherf mel, sset Alherf ga mifwa pit bierf ni gaod gaod het, jiaxleid zil zex gaod leid het ger ngvf zil ger qioul laoz. Nerl pia dettal, Deitleix gaod gaod het dil zex merdsuerl mel gaod mifwa jiax pit, det pit wu zex Qifnivx heil no dei tel yef mifwa bet pit laoz.

汉译：

洱海月（又名：阿黑与七姐）

阿黑是海东人，小时候他爸爸妈妈早去世了，从小他就在海里捉鱼。

有一天，他去捉鱼，去得太早了，黑咕隆咚的什么也看不见，鱼也捉不到。他就坐在海边上的桥头上唱调子。

天上有仙女七姊妹，她们的妈妈去世了，最小的妹妹叫七姐。她爸爸有五个月亮。她妈妈去世后，她爸爸又讨了一个后妈，这个后妈是母猪龙修行成的，心肠很坏，七姐要服侍她，日子过不下去，后来她就从天上偷跑下来了，还把她爸爸的一个月亮也带了下来。

七姐偷跑下来，到了我们这里的海边，听见阿黑在那里唱着他的调子，阿黑没有看见七姐，七姐就说道："阿黑哥哥唱得真好。"阿黑心想这么一位美丽的女子怎么知道我的名字呢？就说："没有，我只是高低随便唱几句。我出来早了看不见，鱼捉不到。"然后七姐就把她带下来的月亮掏出来，照进海里，把海底也照得明晃晃的，鱼就一群一群地都跑过来了。七姐跟阿黑说："回去约你的伙伴吧，让他们和你每人都抓一些。"后来七姐就做了阿黑的媳妇了，鱼也多得捉不完，全村人的日子也好过了。

七姐的后妈是母猪龙修行成的，她想把七姐嫁给她的侄子。她的侄子也是条母猪龙。七姐逃下凡间以后，后妈就指使她侄子下来找。母猪龙下来以后，在我们的海里拱来拱去，把渔船也打翻，把海边上的田地也全冲了。阿黑他们就和它大打起来，但打不过它，七姐就出来帮忙，这样一来，母猪龙就知道七姐在我们这里了，它就逃回天上告到它姑姑和姑爹那里。七姐的爸爸就吩咐仙人下来把七姐带回天上去，那个时候七姐已经有了身孕。

七姐就跟阿黑说："我要是回到天上去，就不能再相见了。你给孩子取个名字吧，我会让大姐把孩子给你带下来。"七姐就回到天上受罪去了。孩子生下来以后，七姐的大姐把孩子带下来了，可是那时候阿黑已经死了，他是气死的。在他死前，他留下了遗言，说好了埋在哪里，说就埋在海边上桥头他唱曲子那里，埋在那里他就可以和七姐再相见了。村子里的人都想念阿黑和七姐，他们一起把阿黑和七姐留下来的孩子抚养大了。

七姐心好，她回到天上以前，把偷下来的月亮留给阿黑，让阿黑把月亮丢进海里，这样捉鱼就好捉了。直到现在，大理的海子里面还有一轮明晃晃的月亮，叫做"洱海月"，这就是七姐从天上带下来的那个月亮了。

第三十九课　大甑箅和小甑箅[①]

Deit salzipjiex kuol　Daotweidbei nil Seitweidbei

Beldedmef, zex Daotweidbei Seitweidbei goux zittei, bel maox nerl bei dat hel her zou, hel nerl yaofjief ded ga bel maox ye hel laoz.

Yaofjief ded zei biz zil bel maox youzzi, bei yazyef hhef bal goux zittei mel zaop: "Daotweidbei, seitweidbei, kel get atmaox meid seiz yef." Nerl seitnivx det nid zex feix lied, baot sua zaop: "Nel sex leid daf ni yef ngaot ga hal." Daf ni yef zex bel sex leid no zex mad atgerd, seit weidbei dedsua zaop: "Naot zex ngel maox biaox, ngel maox sex svl no zex herl de xie derp, ngel maox sex svl zei feix zuip le." Hel yaofjief ded bei ngaf de bel sex svl no youdzi beid zouf, det huif zil nivx let duiz ga baot ziz ni yef laoz.

Nerl baot sua nivx goux ded mel zaop: "Ngaot sua nal mel, alna nid gef ngaot hhex qierlxuix geiz nerl da ngel no cerx at tul, gef ngaot hhex zvpxuix geiz nid nerl cerx ngel gou'tul mel." Seitnivx nid zex li'la, nerl gef get hhex de zvpxuix geiz, daotnivx ded nerl gef de qierlxuix geiz, nerl cerx bel gou no. Yaozhet Yaofjief ded ga bel jix ye hel laoz. Seitnivx ded bier zaop zex: "Nerl nil ye de hatleid, nei ngaot ye dierl yef meid." Yaofjief ded sua zaop: "Ngaot ye de ngvddetzi wal kuox, naot nga ni duox."

Nerl seitnivx ded feix culmief, baot sua zaop: "Atmaox ngel no six dif jiet." Yaofjief ded zaop: "Naot six dif jiet nerl yix pul leid erx daox laoz." "Yix pul leid erx zex zeilmel cut fvf daox, nil did fa'xif mux nerl nil bat geif ngel gou pou no sou niez meid, nerl ngaot niou bei wa'baod no yix naf." Hel baot bei qi meidmef nerl ga

---

[①] 大理市白族民间故事，喜洲镇美坝村李如兴老人（时年85岁）讲述，李煊、王锋记录改写。该故事在白族各个聚居区都有流传，故事内容大同小异。

gou pou no sou niez luif tel yef, ce geif kuax ded gou leid no. Hel yaofjief ded xiat gvf seitnivx ded mel bei daz, at jix sou niez nerl kuax leid merd he yaof. Yaofjied ded sua zaop: "Ngal hhef nivx ded mel, hhef nel mel biaox." Betzidzi nerl seitnivx nid mer geif jierdxif het dad zet no ngaod, gerf aod bel no duox laoz.

Hhex merdberp nerl yaofjief ded bei qi yid baot laoz, hel ax de seitnivx ded gua geif dad zet no. Seitnivx ded sua zaop: "Atmaox nil ye dad nil mux? Dad del wal kuox feix ye qioul, nerl ngaot tal de duox, nil bei daz zid ga nial zoud gerf yifdaf bet zix nei ngaot zef." Baot ga dad derp kua tel yef, sua yaofjief ded mel zaop: "Nil ga juixgerd leid gou keil ded jierd, ngaot liou get nil ye dad derp." Yaofjief de ga juixgerf leid gou keil hel nerl Seitweidbei sex ga yifdaf zix liou tel yef, jiafhaof beip ni yaofjief ded juixgerf het, ga yaofjief ded beip xia haol. Yaofjief ded xix hel nerl biz zil halqilmif wut, ga dad zet gou mel herl max haol, seitnivx nid bei tel duox sa laoz.

Belhhex nerl bei def jieipmerx jiax nid, seitnivx nid sua jieipmerx nid mel zaop: "Atdalgao, nil merx ded zet jiert zet, ngaot tiou geif nil merx ded no. Ngaot did tiou geif merx dedbaod no nerl ngaot dad nil keil merx, tiou geif merx mixduf no nerl ngaot dad nil baod sux merx six, ngaot did tiou geif nil merx'af ker het nerl ngaot zil nil vvx." Nerl baot zu ni merx'af ker het, jiaxleid zil zil bet nid vvx, da bet nid no bei zid duixcvt zid laoz.

汉译：

大甑箅和小甑箅

从前，有大甑箅和小甑箅两姊妹，她们的妈妈去田野里赶鸟，妖精把她们的妈妈给吃了。

之后妖精变成她们妈妈的样子，回到家里喊两姊妹开门。"大小甑箅来给妈妈开门。"小女儿很精明，她说："把你的手抬进来我看看。"抬进来以后看见手上有很多毛，小甑箅就说："你不是我妈妈，我妈妈的手上长着一颗痣，我妈妈的手又嫩又滑。"妖怪就去粘了一块羊羔皮在手上。这回大甑箅和小甑箅就把它放进来了。

进来以后它对姐妹俩说："我跟你们说，谁给我端一碗清水喝，就睡我旁边，跟我睡一头。端给我喝浊水的人就睡我床脚。"小女儿聪明伶俐，就去给妖怪端来了一碗浊水，大女儿端了一碗清水，然后就跟妖怪睡在一头。夜里，妖精把她的姐姐吃掉了。小女儿问道："您是在吃什么呀，给我吃一点吧。"妖精说："我在吃几颗炒豆子，你嚼不动。"

小女儿很聪明啊，她说："阿妈我屎急。"妖精说："你屎急就在床下拉吧。""在床下拉屎怎么臭得了，您要是不放心的话您就在我腿上拴一条绳子，我要到外面拉。"小女儿出去了，她就把绳子解下来拴在了狗的脚上。之后妖精想叫小甑箅回来，一拉绳子，却听见狗叫。妖精就说道："我在叫我女儿，没有在叫你。"这时小甑箅爬到院子里的桃树上，心里害怕极了。

第二天早晨，妖精就去找她了，看见她爬在桃树上。小女儿说："阿妈你吃桃子吗？这些桃子特别好吃，但我够不着，您回去拿我们家那把长柄刀子给我，我把桃子采下来。"她把桃子采下来，跟妖精说："您嘴张开，接着，我丢颗桃子给您吃。"妖精嘴一张开，她就把刀子扔进了妖精嘴里，把妖精插死了。妖精死了以后，变成了一丛荨麻，把桃树脚下都长满了，小甑箅也下不来了。

后来，来了一位赶马的人，小女儿就跟他说："大哥，你把马站住停一下，我跳到您的马上去。如果我跳到马头上，我就帮您牵马；如果我跳到马尾巴上，我就帮您扫马屁；如果我跳到马鞍里，我就做您的媳妇。"于是她跳下来，跳到了马鞍上，就做了赶马人的媳妇，跟着赶马人一起到远方去了。

第四十课　蛇骨塔（段赤诚的故事）[1]
Deitxi'zip kuol　Kvxgua'ded tax tax

　　Zerdhet nadmiz no, Erxguerf bemiz no, det weix het zex Dual cilcep jiax nid, bel maox da bel nei no gouxzetmex gvz nal weix, bel maox leil zil nivxnazzi, der'fer hel mux naf. Zex jiax ni, bel maox yerz de yifbeiz jiax def bei gvfbif mel seixyif, yifbeiz ya seix wot hel nerl gvz geif zoupkuil gert no xiaf, dex yifbeiz ya haot gaf hel meldid bei daz.

　　Betzidzi gvf zv het bed tel yef dad jiax kuox, nerl bel maox ga dad derp vvd kex yef nga ye haol. Bei daz zid nerl bel no zexcil laoz. Guoz hel ma zil bel nei lerz zei mux sa. Ye het jiapweix huox guaz bel maox sit ga bel nei souz zoux svz no ngerd laoz. Bel maox det nid baot mix tvl duox, zei xif no sit, nerl bei zoux bel nei muz no gajie-gader, jie wot hel nerl yap svzngerd no tiou tel nerl zaop yidxix laoz. Nerl seifsid nid gez baot nerl atdierl leil dou guiz hel mux, zei hal tel yef seitdaotzouz jiax nid. Dietcaolseif no laod ded bei zef weiz baot hhex bap, vvt'oud ded fvf zef beix bifsif vvxxi. Bei daz zid nerl dap get baot de meirf cerl, hhep bel mel Dual cilcep.

　　Dual cilcep ded guof daot hel laoz, nerl baot bei Dietcaolseif no jieipsvz, der de yeitvvx nerl bei ged baot, der de mux nerl cilkoul get cerl zil yerz daz haotdvf yef zoupkuil wal gert, nerl yerz de zoupkuil at zeix. Belhhex nerl baot ssvt zoupkuil det zeix cvt kvxgua'ded tax det tax naf.

　　Bal ye det ye gou no zex daot seif jiax jierp, seif det jierp feix kvlkua. Belhhex zex mer zef gerf daotbierkvx jiax ded, ga zetngv leil ya zei, ga nidgerf nil deip nged jiax leil haol ye hel. Nidgerf huox ssex bet de, nerl zaop bal gerf zouxheil ngaod. Belhhex zex gou mel zeix de gua'ded at zeix, meldid zaop sitvvx teil haof mux.

---

[1]　大理市白族民间故事，喜洲镇美坝村李如兴老人（时年85岁）讲述，李煊、王锋记录改写。

Dual cilcep ded guof daot hel, zex jiax ni nerl yaof de jiap huox bei guerx seif det jierp. Baot hal de gou mel gua'ded bet gerd, hel baot sua zaop:"Det leid zex nidgerf huox zouxheil biaox, alda zex hei nidgerf no huovvx leid. Ngel no leil zex maox nid, ngaot zaod bei sou'fvf baot zil, nal niou dad ngel baod weiz ngel maox naf, ngel maox did mux hel nerl nal niou sulsouz bet nid."

Hel nerl baot bei merz de yifdaf salzipfv zix, nei yifdaf ga bel cil get no ce max, bel sex mel zei zert de yifdaf goux zix naf. Zuxcerxke nerl baot bei sua bel maox mel zaop baot niou bei laoz, bettal nerl baot zil kou le, bel maox kou nerl baot leil kou, nerl baot zaop baot bei mux duox naf. Geif merd zidjia, baot bei pia seif meidmef, seif jierp het zil nidgerf at nid leil mux, seifmeid seiz zex kel belda. Baot ded'ax-hhex'ax zil dil bei ni zid laoz. Bei ni ngerd hel zil kvx ded ga baot haol ye ni zid. Nerl bel sex mel zex zert de yifdaf goux zix, bel cil get no at nid zi ce zil yifdaf, baot zex kvx ded fv het luitdef-luitzid, sex mel yifdaf goux zix leil beip bel zoudvvp, kvx ded zex da zil de de jiaotcapsa, ga baot sit xia laoz, sit zil zoup zoux heil no. Heil zex at ce mux vaz, heil ce no yifsout daot qierlzoupkuil, jiaxleid hel nerl baot lerz dou tel daz yef laoz, ga seif jierp nil zetded-ngvsei leil ya ba. Dual cilcep ga bel fv, bapjix leid leil vvf tvl hel, ga baot vvf xia hel laoz. Bal ye het nidgerf huox leil bei pia yef laoz, nerl jieip miz mux dierl, Dual cilcep leil xix hel laoz.

Nerl Dual cilcep sua cil bal mel: "Ngaot zerd xix hel, nal vvdsit ngel maox. Nal nei kvxgua'ded ya cvt bel no tax tax." Hel nerl baot yerz de no zoupkuil ya leil sex ssvt cvt tax tax laoz. Tax det tax cvt hel zerdhet nadbaod jit Erxguerf be'baod, svz gou mel bet ye het laoz.

Nerl bel maox mix bel duaz, mix aod no duox laoz, bei zid bier xilngv, nerl zeilmel leil bier de bel doud duox. Jitngv het yid de baot duox nerl, hal sit fvfjiaf gou no ga yid, meldid ssexde bal ga baot xui zil bal ye het vvxzex hel laoz, nerl baot bei daz yef laoz. Bel maox bier bel doud, nerl baot zaop: "Nil betxiaof mix ngel duaz, ngaot zex nil gou no le, didzil nil ax de ngaot duox." Jiaxleid zil baot leil halsa jiert bel maox, baot zil bal vvxzex hel laoz.

译文：

蛇骨塔（又名：段赤诚的故事）

城里（大理古城）南边，下关的北边，这里有一位叫段赤诚的人。他奶奶和他妈妈两母女一起住在那里，他妈妈是姑娘，还没有出嫁。有一天，他妈妈背着一筐衣服到河边上洗，衣服洗完后坐在石头上休息，等衣服晒干了才回去。

正在那时，河里面漂下来一颗桃子，他妈妈就把这颗桃子捡起来给吃掉了。回去以后她就有了身孕。不久，他的奶奶又去世了。村里的同伴帮忙，把他奶奶安葬到山上。他的妈妈心里想不通，又伤心，就去他奶奶墓前祭奠，祭完了就从山岩上跳下来，想要寻死。山神来搭救她，她一点都没有摔坏，还生下来一个男孩。苍山上的老虎来给他喂奶，凤凰也飞来给他遮风挡雨。回去以后，给他起了个名字，叫做段赤诚。

段赤诚长大了，他就去苍山上打猎。打到野物的话就把它卖了，要是没有打到猎物，身上轻，他就背几块石头回来，这样就背了一堆石头。原来，这堆石头是以后建造蛇骨塔的时候要用到的。

他们村边上有一座庙，这座庙很宽敞。后来，庙里爬来一条大蟒蛇，它把树木都压倒，把人、猪、牛都给吸吃了。人们不知道，就说那些人可能都是升天去了。后来，地上都堆起了一堆人的骨头，人们才觉得事情有点不对劲。

段赤诚长大了，有一天，他约伙伴去逛这座庙。他看见地上那么多骨头，就说："这不是人升天，这里有个害人的东西。我家里还有妈妈，如果我去收服它，你们要帮我赡养我妈妈，我妈妈如果过世了你们也要帮我安葬她。"

之后，他就去买了三十六把刀子，用刀捆满了全身，手上还擎着两把刀。这天大清早，他去告诉妈妈他要走了，这时候他哭了，他妈妈哭，他也哭。但是他说不能不走。鸡叫的时候，他来到庙门口，庙里面一个人都没有，门是开着的。他前顾后盼了一会，还是进去了。进去以后蟒蛇就把他给吸吃了。段赤诚手上拿着两把刀，全身捆满了刀，他在蟒蛇的肚子滚来滚去，用手里的两把刀子插蛇的肠胃，蛇就像得了绞肠痧，疼得要死，一下子纵到了天上。其实天上没有天，都是大青石头，于是它又摔了下来，把庙和树木都压塌了。之后段赤诚把它的肚皮也捅通了，把它捅死了。这时，村里面的人都赶到了，可是已经来不及了，段赤诚也已经死去了。

段赤诚跟人们交代说："我要是死了，你们要服侍我的妈妈。你们要用蛇的骨头来建造一座塔。"然后他以前背的石头也就用来建塔了。建的这座蛇骨塔就在大理古城南边、下关北边，在山脚下的一个村子里。

　　段赤诚的妈妈想念儿子，想得受不了。就去看香火，问先亡（祖宗），但问先亡祖宗却问不到他的消息。地狱里面也找不到他，就试着去佛家那里去找一下，这才知道段赤诚已经被封为他们村的本主了，他已经回来了。他妈妈问他话，他说："您不用思念我，我就在您旁边，只是您看不见我。"这样他就一直照顾着他的妈妈，做他们的本主了。

第四十一课 十二月的歌（本子曲）①

Deitxi'zipyi kuol Zipnei wa kv

At sua fvf zil zipnei wa,	一年分为十二月，
kexded zerfwa nil sitwa;	起头正月和二月；
zerfwa nial guoz zerfwa herl,	正月我们过春节，
at nid daot ke sua.	人人长一岁。
Waherlyi ngerd qiat dedxuix,	正月初一抢头水，
nvdbex bif no der'xuixza;	龙潭旁边打水仗；
vvxxuix vvd'erp huafnilxif,	雨水调匀人欢喜，
at sua daot ferwa.	一年大发旺。
Sualzi-sualnivx keil sex mel,	孙儿孙女手中牵，
waherlnei bei berzzerfwa;	大年初二去拜年；
jiapqieil-jiapnid yiz xifyif,	红花利市穿新衣，
ga guxnid huox ax.	给老人问安。
Nivxnaz-nivxzi qier jierdqiel,	姑娘少女打秋千，
at nid zei bit nid qier gaf;	一个更比一个高；
at qiel qier ni heilkvl het,	秋千打到天空里，
zalgerd bou sexza.	掌声入云天。
Waherlsal hhex daot weifni,	初三之后好热闹，
suatsif-suatnvd leil bei pia;	耍狮耍龙来到家；
sifzi oudsuaf huafxittap,	狮子猴子米花糖，

---

① 本课为白族本子曲。选自《石宝山白曲选》里的《十二月的歌》（李文松选译）。原文为剑川方言。本教材译为大理方言，并根据押韵原则和大理年节习俗对唱词作了较多改写。

续表

geiz de nid huaf ha .	见者好喜欢。
Zerfwa guoz hel sitwa pia,	正月过了二月到,
sitwabia nerl weipmaoxjia;	太子会在二月八;
jid zaop "al lil yal sal seit",	唱着"阿利亚萨赛",
nial guoz beipjitjia .	咱过插田节。
Derlaof-dergux cout berpxi,	敲锣打鼓唱白戏,
xia'deip-xiayoud xia geif a;	杀猪宰羊加鸡鸭;
zvdzi-mounivx ngerd zilhuit,	蚊虫今天去"做会",
gou det zei zvz gua.	种豆又种瓜。
Salwa zetded gulgux merd,	三月枝头布谷叫,
dat het zidjit lv'qia'qia;	田里秧苗绿油油;
qilmif svz no bei zouxmuz,	清明山上去上坟,
hhexloul ded no ka.	柳帽头上戴。
Xi'wa le'out dappielhuot,	四月立夏去野炊,
det jitvvx no nial sal'ax;	蚕豆田埂来相会;
zuozsex lulsu jiet ke laoz,	今后农活要忙起,
sefsi bitloul ya.	蓑笠早收拾。
Ngvxwa nial zou xioufhaljid,	五月咱戴香蒿镯,①
calput dei nerl meid no gua;	一棵菖蒲门上挂;
xiouphuapzix zvf berpmeixgaof,	雄黄酒和白米糕,
jui kuerl zei jui ba.	醉得歪又倒。
Fvlguod salyui xuixjit het,	栽秧相遇水田里,
zefguaf nid leil fvl sal cuax;	州官也要插三把;
der zidhuofzi suat fvljid,	打着秧花耍秧旗,
jidkv guerx jit da.	欢歌绕田间。
Fvwa zipngvx ssaotheithuil,	六月十五绕海会,

---

① "香蒿镯":五月端午,人们用雄黄、菖蒲包进布里缝成的布镯。

续表

guxhuox xie tel jia det jia;	前人传下古节庆;
fvwa neidngvx pia yef laoz,	六月廿五转眼到,
nial guoz xifhuixjia.	欢度火把节。
Hatzi ye zi duif huixzuit,	村村寨寨竖火把
wutguf-fexde sefdex max;	五谷丰登升斗满;
serxjit wapmerx youfhuofyeid,	祭田赛马赛花船,
siljil derf piep'a.	四季得平安。
Zil zi'nid niou sex guijuit,	做男子要识规矩,
werffv beix juix bet ye sa.	岳家晚餐不能吃;
"huoz sao miep loup" qieixgut sil,	"火烧明楼"千古事,
cuap hel atqil sua.	千年久流传。
Qiwa zipxi serx xilngv,	七月十四祀祖先,
cux wei mix nial doulbaol dua;	就为纪念祖宗德;
jieifnid-zixhuix sul get bal,	烧给祖先金银纸,
gulxuix herlsit ha.	香火饭供养。①
Biawa ngerd guerx Zoudbaoseif,	八月去朝石宝山,
jilxioux nidgerf leil bei pia;	人潮如水数不清;
nivxnazzi nil seitdaotzouz,	小伙姑娘来相会,
duizkv ngerd belda.	对歌觅知音。
Guizhuof keil zil xiouffvlfvl,	桂花开放香扑鼻,
biawa zipngvx kout baba;	八月十五烤粑粑;
guxgux-seitseit qiel tuapyuip,	老老小小庆团圆,
haothaot berz mifwa.	家家祭月亮。
Jiexwaxjiex zil ye guodded,	九月九来尝新米,
zipwa soulsui leil cux pia;	十月雪霜就要到;
sefguod-goume jiet ke yef,	收割播种忙又忙,

---

① "香火饭":字面直译为"江水饭",白族民间祭祖时用清水、米饭、干拉(一种片状油炸大米制品)等做成的祭品。也有说法为 gefxuix herlsit,意为"冷水饭"。

续表

dafgaox zil at mia.	不能误时节。
Jitded-jitngv nioux zou luf,	田头地尾要犁够,
jit het qilcux niou jierp jia;	田中粪草要撒遍;
haplul merfzit suajial doul,	寒露麦子霜降豆,
guxnid sexhet sua.	古话说得好。
Zipyiwa guoz dvldvlzeiz,	十一月过冬至节,
sitmeix herlsit ye baot ba;	糯米饭吃一大碗;
betjiaf nidwut berz doulbaol,	本家老小齐祭祖,
beixgerz ye cipba.	晚上吃糍粑。
Yapwa zalgerd haot mizsul,	腊月晒好汤圆粉,
wut het gouddeip keil qi xia;	圈中肥猪牵出杀;
yifbeiz letbaot seix gafjiez,	衣服被子干净洗,
serx zaolwap pupsa.	祭灶王菩萨。
Kv sexdedzi ga zasui,	手掰指头算一算,
mixmix guoz hel zipnei wa;	回想过去十二月;
a sua niou kat cvlji het,	一年之计在于春,
ssvthhep zil baot sua.	努力干一年。

第四十二课　白族大本曲《柳荫记》选段：英台哭灵[①]

Deitxi'zipnei kuol　Yefteil kou Saxberf

老白文及拼音白文对照	汉语意译
英台　我　自　好　心　伤 Yefteil ngaot zil haoz xiex sa,	英台我呀好伤心，
山伯　阴魂　听　我　双 Saxberf yehuip qierl ngaot sua,	山伯阴魂听我言，
格尼　我　杯　争　祭　脑 gerlni ngaot bei zef zeiz naot,	今日我来祭奠你，
脑　干　我　干安 naot ga ngao ga ax.	哥看看阿妹。
英台　树　勾　跪　岸当 Yefteil sv gou gvt alda,	英台合脚跪灵前，
干哦　哥　吐　苦　情　双 ga ngel gao no kut jierd sua,	先把阿哥苦情说，
啊哥　计休　吐　情意 at gao jilxioux no jierdyi,	阿哥多少情和意，
表　表　一　二　三 biaot biaot yif erl sax.	英台表一表。
近故　亡　兄　梁山伯 Jiel gul wap xiou Liapsaxberf,	近故亡兄梁山伯，

[①] 本课文根据白族国家级非物质文化遗产"绕三灵"传承人赵丕鼎先生大本曲《柳荫记》抄本译写。

续表

老白文及拼音白文对照	汉语意译
能 吐 阴魂 争岸南 nel no yehuip zex alna?	你的阴魂在何方？
格尼 英台 杯 叭 咽 gerlni Yefteil bei pia yef，	今日英台来看你，
立 坑 咽 干 安 duif ke yef ga ax.	起身把我看。
今年 是 大 顺 元 年 Gerlzil zex dal suil yuip nip，	今年是大顺元年，
甲合 迁 灯 属 双 jiafhaof yui de zvp kuax sua，	年年正好是属狗，
忌日本 尼 是 丁未 jilssif bet ni zex die'veil，	忌日那天为丁未，
五 月 汪 初 八 ngvx wa waherl bia.	五月刚初八。
我 自跪下哥头孟 Ngaot zil gvt tel gao ded mel，	英台跪在哥前面，
灵 前 来 敬 三 柱 香 liep qieip leip jie sax zvl xia，	灵前来敬三柱香，
加 祭 素 菜 哒 干 拉 jia zeiz zerf cet da gallal，	再祭素菜和干拉，①
烧 起 一 炉 香 sao qit yif lup xia.	点起一炉香。
粗茶 淡饭 来祭奠 Cuxcap-dalfal leip jildieil，	祭哥我用粗茶饭，
礼物 摆 齐 恨 岸当 leixngvx beit zeid hel alda，	祭礼摆齐哥灵前，
啊哥 立 坑 嗯 杯 咽 at gao duif ke hhex zvf yef，	阿哥起来喝杯酒，
干 英台 孟 加 ga Yefteil mel jia.	请接阿妹情。

① 干拉，白族的一种片状大米制品。油炸后香脆可口。通常用作祭品。

续表

老白文及拼音白文对照	汉语意译
香炉 前 敬 二柱 香 Xiouflud ded jie erl zvl xia,	香炉前敬二柱香,
山伯 啊哥 听 我 双 Saxberf at gao qierl ngaot sua,	山伯阿哥听我说,
立 坑 答应 哦 叫 咽 duif ke dafyet ngel doud yef,	起来答应我一声,
勾 胎 干 情 双 goux tei ga jierd sua.	兄妹诉衷情。
英台 来 敬 三 柱 香 Yefteil leip jie sax zvl xia,	英台来敬三柱香,
祭 哥 不 用 鸡 鹅 安 zeiz gao bet ssvt geif oud a,	祭哥不用鸡鸭鹅,
提给 哥 争 剥 汪 剥 til get gao zef baof wal baof,	送哥几包金银纸,①
共水 饭食哈 gulxuix herlsit ha.	几口香火饭。②
清茶 淡饭 自 叭胎 Qiexcap-dalfal zil nivftei,	清茶淡饭做兄妹,
啊 哥 立 坑 因 保 哈 at gao zet ke ye baot ha,	阿哥起身吃两口,
哦 哥 白 自 艮 阿世 ngel gao berf zil nid at herl,	阿哥白到人世走,
自空 呃 空 央 zil kvl ngerd kvl ya.	空去又空回。
从舍 啊哥 争 名 艮 Culseit At gao zex mierf nid,	阿哥从小好名声,
利 争 倒 整 整 枝加 lil zex daot zet zet zifjia,	您是树上大枝桠,

① 即冥纸。白族民俗,将冥纸(金银纸)装入印有地藏菩萨的纸包(白语称 baof)中,在祭祀死者时烧化,认为可供死者在冥间使用。
② 参见第41课《十二月的歌》注释。

续表

老白文及拼音白文对照	汉语意译
啊哥　夫　很　开　大　船 at gao fv het maf daot yeid,	阿哥肚里开大船,
夫　很　大　空　宽 fv het daot kvlkua.	胸怀远又宽。
提　坑　勾　胎　恩　十　叫 Til ke goux tei hhep sif doud,	提起我俩读书事,
同　床　共　枕　恨　上　双 tupcuap-gulzet hel sal sua.	同床共枕整三年,
望　维　勾　胎　恩　求　十 wal weip goux tei hhep qioulsif,	唯愿兄妹书读好,
争　四　海　威　光 zef sil heit weigua.	四海把名扬。
米　坑　啊　哥　童　子　样 Mix ke at gao tupzit yal,	想起阿哥童子貌,
诗文　气象　一　朵　花 si wep qilxial yif duot hua,	如花妙笔好诗文,
出　呃　好　比　文　昌　居 cv ngerd haoz bit vepcax juif,	出门有如文昌样,①
缺少　一　炉　香 cuifsaoz yif lup xia.	只少一炉香。
哥　有　这　样　好　人　材 Gao zex jiax ya hux ssepceip,	哥有这样好人才,
应当　要　坐　阿千　双 geifdaf niou gvz at qil sua,	按理该活一千岁,
在　孟　啊　只　没　咧　号 zeilmel at zid mux bierf haol	为何一时就没了,
英台　自　怄　相 Yefteil zil out xia.	气死妹英台。
活　黄六　红　开　起咽 Huofgudluf huof kel qi yef,	花骨朵儿刚开花,

---

① 即文昌帝君,道教神祇,主管文章教化,在白族地区有较大影响,为男性宗教组织"洞经会"信奉的重要神祇。白族民间认为他是一个美男子。

· 280 ·

续表

老白文及拼音白文对照	汉语意译
偏生 遭 灯 受虽 相 pixxif zaop de soulsui xia,	偏又遭到霜雪打,
是必 脑 前世 不 修 sil bif naot ded herl bet xief,	莫非你前世不修,
能 佘 很 呆 叭 nel mierzhet dei pia?	命里早带来?
啊哥 脑 西 五 汪 很 At gao naot xix ngvx wa het,	阿哥你在五月走,
本尼 五 月 汪初 八 bet ni ngvx wa waherl bia,	那天五月才初八,
五 月 初 八 吐 背 格 wut yuif cux baf no beixgerz,	五月初八天已晚,
改 灯火 只加 geit defhuix zidjia.	家家正点灯。
五 月 五 利 孟 过 恨 Ngvx wa ngvx lil mel guoz hel,	五月初五才刚过,
六月六利 本 过 叭 fv wa fv lil bet guoz pia,	六月初六没熬到,
啊哥 清 起 吐 杯 只 at gao qierl qit no bei zid,	阿哥一走得清净,
英台 眼 哽 双 Yefteil weix ged sua.	英台血泪干。
脑 干 古 母 丢 能 恩 Naot ga gux mao liou nel hhex,	你丢老母在身后,
脑 干 㐱胎 丢 岸当 naot ga nivxtei liou alda,	把你阿妹撇世间,
敌 咋 勾 艮 自 本菜 did zaop goux nid zil betceil,	本想兄妹成夫妻,
干古 母 孝 养 ga gux maox xiou yat.	孝养老母亲。
单独 艮 之 许 灯 脑 Dafduf nid zi xuit de naot,	妹把自己许给你,

续表

老白文及拼音白文对照	汉语意译
把 你 当 成 一 朵 花 ga naot daf zil yif duot hua,	把你当作一朵花,
谁 想 啊 哥 西 咧 号 suip xiat at gao xix bierf haol,	不料阿哥别人世,
气 央 细 肝 叭 qi niat xif gaf pia.	气烂妹心肝。
鸳 鸯 啊 对 成 啊 头 Yuiya at duiz zerd at ded,	一对鸳鸯成一只,
香 柏 啊 对 周 恨 光 xioufberx at duiz zou hel gua,	一对古柏砍一棵,
凤 凰 对 利 飞 开 号 vvt'oud duiz lil fvf keil haol,	雌雄凤凰各自飞,
杯 干 恨 朵 三 bei ga hel duox sa.	今生难聚首。
甘 罗 享 有 十 二 岁 Ga'luop xiat yout sif erl suil,	甘罗享年十二岁,
彭 祖 坐 灯 八 百 双 pepzut gvz de bia ber sua,	彭祖活到八百年,
寿 岁 短 长 利 不 一 soulsuil celzoud lil buf yif,	人寿长短不一样,
怎 头 世 行 香 zex ded herl xief xia.	是前世所修。
能 坟 吐 自 我 杯 约 Nel muz no zil ngaot bei yaof,	阿哥坟墓我会扫,
古 母 吐 自 我 汗 山 gux maox no zil ngaot halsa,	老母由我来照顾,
啊 哥 脑 不 消 焦 心 at gao naot betxiaof jiaofxif,	阿哥不用心牵挂,
我 自 有 主 张 ngaot zil yout zvtza.	阿妹妥安排。
情 愿 独 艮 坐 保 世 Qiepyuil duf nid gvz baot herl,	情愿一人过一生,

续表

老白文及拼音白文对照	汉语意译
一心 不 愿 嫁 马 甲 yif xiex bet yui gez mat jiaf,	一心不愿嫁马家，
活 利 夫妻 自 本 成 herl lil betceil zil bet zerd,	活着夫妻做不成，
死 了 成 一 双 xix hel zerd yif sua.	死了成一双。
鬼 门 关 吐 脑 等 我 Gvxmeidguerf no naot dex ngaot,	鬼门关上你等我，
勾 胎 同 齐 见 阎 王 goux tei tup qi jieil yeipwap,	兄妹一起见阎王，
今 日 灵 前 三 祭 奠 gerlni liep qieipsax jildieil,	今日灵前三祭奠，
做 割 心 割 叭 zil ser xif ser pia.	刀割我心肝。
啊 哥 答应 哦 叫 咽 At gao dafyet ngel doud yef,	阿哥把我来答应，
为 哈来 本 答应 叭 wei hatleid bet dafyet pia,	为何你就不出声，
隔 的 隔 登 板 四 块 ger did ger de berx xi yaod,	只隔四块棺材板，
梁 兄 争 岸南 liap ssvf zex alna?	梁兄在何方？

后 记

《白语大理方言基础教程》是中央民族大学中国少数民族语言文学学院民族语基础教程建设项目之一，主要供民族语言学专业本科学生学习使用，也可供社会各界的读者了解和学习白语。

白语的使用人口约130万，是我国使用人口较多的少数民族语言之一。基于白族在我国西南民族地区历史和文化发展中的重要地位，以及语言结构在汉藏语系语言中的复杂性和特殊性，白语作为体现中华各民族交往交流交融历史发展进程的重要代表性语言，长期以来一直受到语言学、民族学、人类学、历史学等学科的高度关注。

白语的教学已经有半个世纪的历史。徐琳、赵衍荪等老一辈学者创制拼音白文以后，在极其困难的条件下，积极呼吁开展白语文的培训和教学，特别是20世纪80年代以来，在各级政府部门的支持下，在昆明、大理、剑川等地开展了不同形式的白语文教学工作，为白语文的教学奠定了基础。云南省民语委的杨应新先生等为白语文的师资培训等呕心沥血，做了大量工作。在中央民族大学，李绍尼先生长期依托少数民族语言文学系开展白语文方向教学，并在课余时间，坚持义务为不同院系的白族学生以及对白语文感兴趣的各民族学生开设夜校培训，筚路蓝缕，几十年如一日，很多接受夜校培训的学生现在已成为白族语言文化事业的骨干，令人感佩。当前，随着党和国家科学保护各民族语言文字方针的贯彻落实，在相关政府部门、教学科研机构和社会各界有识之士的关心和支持下，白语文的教学和推行工作正在迎来一个崭新的局面。

长期以来，由于客观条件的限制，已出版的白语文教材大多属学前和小学阶段的双语教学读物，规范通用的普通高校本科白语教材一直未能编写和出版。这是中国少数民族语言文学专业白族语言文学方向教学的一大缺憾。2011年，中央民族大学"985工程"项目"中国少数民族语言文学学科建设民族语言基础教程"总主编周国炎教授，联合中央民族大学出版社，将白语基础教程列入项目计划，并给予了重点支持。首部白语文本科教材的编写和出版，将进一步推动白语文教材的体系化，并将有助于白语文教学工作的规范和普及。

白语分南部（大理）、中部（剑川）、北部（怒江）三大方言。20世纪80年代以来的白语文教学以中部（剑川）方言为主。1993年由云南省少数民族语文指导工作委员会在昆明主持召开的白族语言文字问题科学讨论会确定以南部（大理）和中部（剑川）方言为并列基础方言，以大理喜洲话和剑川金华话为并列标准音，南部（大理）方言的重要性日益受到重视。进入新世纪以来，南部（大理）方言语音结构简明、使用人口多、影响力大、位于白族社会经济和文化发展中心地带的优势更加凸显，可以预见，南部（大理）方言的教学、使用和推广，将是新时期白语文工作的中心任务。基于以上认识，本教材选取南部（大理）方言进行教学，并适当兼顾了中部（剑川）方言。

本教材共分上、中、下三编，上编和中编为正式教学内容，下编为课后阅读材料。上编、中编各16课，各授课一学期，共计约144学时。下编不需讲授，主要供学习过程中或课后自学使用。通过上编、中编的学习，基本掌握白语近1600个词汇和基本语法规则，达到进行普通会话、基础阅读和初步写作的水平。

本教材教学内容以零为起点，注意由浅入深，循序渐进，分散难点，注重实用。上编前部分以语音的学习和训练为主，并熟悉和掌握拼音白文及其书写规则。上编后一部分以及中编、下编，综合编写了简短会话、短文、民间故事、诗歌、大本曲、本子曲等课文，第八课起至第三十二课每课增加"语法注解"和"每课一谚"内容，以期达到增加词汇量、掌握基础语法、练习语言交际、学习白族文化知识、了解白族民间文学不同体裁等目标，为进一步学习深造打下初步基础。

本教材课文除自行编写的对话、短文外，注意选用已刊布的经典白语材料。民间故事采用田野调查和综合编写两种形式。中央民族大学赵彦婕、北京语言大学李煊两位同学参与了民间故事的调查。编写教材的同时进行了教学实践，2012级中央民族大学中国少数民族语言文学学院民族语基础课程白语班的同学（包括白、汉、傣、藏、哈尼、土家等不同民族），不仅取得了良好的学习成绩，也对教材的编写给予了积极支持。在此一并致谢。

因系首次编写白语本科教材，缺乏经验，也无教学资料可供参考和借鉴，加上教学内容点多面广，难易跨度大，白语自身的规范化工作基础还十分薄弱，因此编写过程中遇到了很大困难，教材的缺点和问题还相当多，恳请读者提出宝贵意见，以便进一步修订和完善。

再次感谢中央民族大学中国少数民族语言文学学院周国炎教授和中央民族大学出版社的大力支持。也对责任编辑白立元老师和其他编辑人员付出的艰苦努力表示诚挚的谢意。

在本教材出版之际，谨向已故的徐琳先生、赵衍荪先生、杨应新先生、段伶先生等为白语文教学研究事业奉献了毕生心血的开创者和奠基者表示深切的怀念和敬意。

王　锋
2013 年 12 月

补记：

本教材于 2014 年出版后，受到社会各界欢迎，2019 年出版社已无库存，但仍有读者希望购买，中央民族大学、云南民族大学等高校仍需作为专业教材使用。在系列教材总主编周国炎教授和中央民族大学出版社赵秀琴社长关心支持下，本教材得以重印。谨此再次向周国炎教授和中央民族大学科研处、中央民族大学出版社表示诚挚感谢。

借本次重印机会，编者对教材存在的一些错漏问题作了系统修订。中央民族大学中国少数民族语言文学学院 2018 级白语基础课的师生结合教学实践，全面整理了待修订问题。很多关心本教材的各界师友也积极提出修订建议。感谢大理市下末完小杨伟妹老师、中国社会科学院民族学与人类学研究所副研究员李煊博士、云南民族大学文学院讲师杨银梅博士、中央民族大学博士研究生李梦等老师、同学提出的细致而中肯的意见。

根据读者的建议，为更好地辅助教学，本次重印将附配白语生词与课文的音频文件。音频文件由云南省大理市融媒体中心李娥丹老师和中央民族大学中国少数民族语言文学学院硕士研究生杨哲、王珮琳两位同学共同朗读录制完成，李娥丹、杨银梅负责全部音频编辑工作，大理市融媒体中心提供重要工作协助。特此一并致谢。

王　锋
2025 年 9 月于中国社会科学院语言研究所